经济法理论与实践研究

马淑杰　郭玉晖　吕圣明◎著

中国商务出版社

·北京·

图书在版编目（CIP）数据

经济法理论与实践研究 / 马淑杰，郭玉晖，吕圣明著. -- 北京：中国商务出版社，2023.8
ISBN 978-7-5103-4808-2

Ⅰ. ①经… Ⅱ. ①马… ②郭… ③吕… Ⅲ. ①经济法－法的理论－研究－中国 Ⅳ. ①D922.290.1

中国国家版本馆CIP数据核字（2023）第162920号

经济法理论与实践研究
JINGJIFA LILUN YU SHIJIAN YANJIU

马淑杰　郭玉晖　吕圣明　著

出　　版：	中国商务出版社
地　　址：	北京市东城区安外东后巷28号　　邮　编：100710
责任部门：	外语事业部（010-64283818）
责任编辑：	李自满
直销客服：	010-64283818
总 发 行：	中国商务出版社发行部　（010-64208388　64515150）
网购零售：	中国商务出版社淘宝店　（010-64286917）
网　　址：	http://www.cctpress.com
网　　店：	https://shop595663922.taobao.com
邮　　箱：	347675974@qq.com
印　　刷：	北京四海锦诚印刷技术有限公司
开　　本：	787毫米×1092毫米　1/16
印　　张：	12.75　　　　　　　　　　　　　字　数：263千字
版　　次：	2024年4月第1版　　　　　　　　印　次：2024年4月第1次印刷
书　　号：	ISBN 978-7-5103-4808-2
定　　价：	60.00元

凡所购本版图书如有印装质量问题，请与本社印制部联系（电话：010-64248236）

版权所有　盗版必究　（盗版侵权举报可发邮件到本社邮箱：cctp@cctpress.com）

前　言

经济和法治是现代社会发展的两大重器，二者融合的深度和广度，既能体现一个国家的市场经济发展水平，也标志着国家治理能力是否现代化。作为经济和法治相互融合产物的经济法，是以市场经济为基础，以规制为基本方法，以维护市场经济秩序和社会公共利益为宗旨，以强制性和禁止性规范为主要内容，以市场监管和公益诉讼为实施方式，从法律上厘定市场和政府的各自疆界，实现市场和政府关系的法治化。市场经济不仅是竞争性经济和有序的经济，更是法治化的经济。在这种法治化经济的条件下，无论是国家管理经济活动，还是经济主体之间的经济交往，或者是商事主体的设立、变更和终止，市场准入与交易规则的制定和实施，市场交易秩序的维护与监管等，都必须有法可依、依法操作。另外，依法治国、建设社会主义法治国家和全面建成小康社会的要求需要我们在经济生活中知法、懂法、守法、用法。经济法是社会主义市场经济法律体系中重要的部门法，学好经济法有利于培养经济法律思维，形成经济法律实际应用能力。

本书是经济法方向的书籍，主要研究经济法理论与实践。本书从经济法基础知识介绍入手，针对会计法与劳动法、公司法与企业法进行了分析和研究；另外对票据法与税法，以及价格法、著作权法与专利法做了一定的介绍；还对破产法与经济纠纷的解决提出了一些建议；旨在摸索出一条适合现代经济法理论与实践工作创新的科学道路，帮助相关工作者在应用中少走弯路，运用科学方法，提高工作效率。对经济法理论与实践的创新有一定的借鉴意义。

另外，作者在撰写本书时参考了国内外同行的许多著作和文献，在此一并向涉及的作者表示衷心的感谢。由于作者水平有限，书中难免存在不足之处，恳请读者批评指正。

目　录

第一章　经济法基础知识 ·· 1

　　第一节　经济法基础理论 ·· 1

　　第二节　基本民事法律制度 ·· 13

第二章　会计法与劳动法 ·· 25

　　第一节　会计法 ·· 25

　　第二节　劳动法 ·· 37

第三章　公司法与企业法 ·· 63

　　第一节　公司法 ·· 63

　　第二节　企业法 ·· 97

第四章　票据法与税法 ·· 103

　　第一节　票据法 ·· 103

　　第二节　税法 ··· 131

第五章　价格法、著作权法与专利法 ··· 157

　　第一节　价格法 ·· 157

　　第二节　著作权法 ··· 164

　　第三节　专利法 ·· 171

第六章 破产法与经济纠纷的解决 …………………………………… 180

 第一节 破产法 …………………………………………………… 180

 第二节 经济纠纷的解决 ………………………………………… 189

参考文献 ………………………………………………………………… 196

第一章 经济法基础知识

第一节 经济法基础理论

一、经济法概述

(一) 法的概念

法是由国家制定或认可的,代表统治阶级意志的,并由国家强制力保证实施的行为规范的总称。这一国家意志的内容由统治阶级物质生活条件所决定,它通过规定人们在社会关系中的权利和义务,确认、保护与发展有利于统治阶级的社会关系和社会秩序。法律与国家政权、社会秩序休戚相关。但凡危及国家统治的问题,均有纳入法律调整的必要。

第一,法是调整人们的行为或者社会关系的规范,具有规范性。法只能针对行为,不能针对思想,即"思想犯不为犯"。法必须体现为规范的形式,必须是针对不特定的对象提出的准则。

第二,法是由国家制定或者认可的,体现了国家对人们行为的评价,具有国家意志性。国家的存在是法存在的前提条件,一切法的产生都是通过制定或认可这两种途径,而且都要由国家颁行,具有国家权威性。

第三,法是由国家强制力为最后保证手段的规范体系,具有国家强制性。法以国家强制力为后盾,由国家强制力保证实施。不管人们的主观愿望如何,人们都必须遵守法律,否则将受到相应的法律制裁。国家的强制力是法实施的最后保障手段。

第四,法在国家权力管辖范围内普遍有效,因而具有普遍性。法作为一般的行为规范,在国家权力管辖范围内具有普遍适用的效力和特性。在一国范围内,任何人和组织的合法行为都受法的保护,任何人和组织的违法行为,都要受法的制裁。法对人们的同类行为还具有反复适用的效力。在同样的情况下,法可以反复适用,而不仅适用一次。

第五，法是有严格的程序规定的规范，具有程序性。法是强调程序、规定程序和实行程序的规范。也可以说，法是一个程序制度化的体系或者制度化解决问题的程序。程序是社会制度化的最重要的基石。

（二）经济法

经济关系是人类社会最基本、最广泛的一类社会关系，它是在一定生产方式基础上形成的，并存在于生产、交换、分配、消费各个经济环节和领域内的社会关系。这一重要的社会关系，自有法之日起，便是各个社会、各个历史类型的法律规定和调整的重要内容。西方国家的经济法，是在自由资本主义经济过渡到垄断资本主义经济的过程中，国家为应对经济发展中出现的垄断、市场失灵和经济危机等问题，而越来越普遍采取干预措施的背景下产生和发展起来的。在我国，经济法是在改革开放和加强经济法制建设的背景下逐步兴起的，并随着社会主义市场经济体制建设步伐的推进而不断丰富和完善。一般认为，经济法是调整国家在经济管理和协调发展经济活动过程中所发生的经济关系的法律规范的总称。

（三）经济法的调整对象

1. 经济管理关系

经济管理关系是指国家在管理和协调经济运行过程中形成的特定经济关系，是国家从长远和社会公共利益出发，对关系国计民生的重大经济因素实行全局性协调、干预所产生的经济关系。国家以直接或间接的方法，选择经济和社会发展战略目标，调整重大结构和布局，兼顾公平与效率，保护资源与环境，实现经济总量的基本平衡和经济结构的优化，实现国民经济的可持续发展。经济管理关系包括宏观管理与微观管理两方面的内容。宏观管理经济关系一般包括国家在财政、税收、金融、物价调节、土地利用规划、标准化管理等活动中所产生的经济关系；微观管理经济关系一般包括国家在税收征管、金融证券监管、贸易管制、物价监督、企业登记管理、交易秩序管理等活动中产生的经济关系。在实践生活中，这两方面的内容往往是交织在一起的。

2. 维护公平竞争关系

维护公平竞争是国家协调发展经济活动的重要方面。这一关系是指国家为了维持市场经济的正常运行和保持其活力，采取相应的措施，维护、促进或限制竞争过程中形成的社会经济关系。我国是社会主义市场经济，为了保证其健康有序地发展，必须建立统一、开放的市场体系，以促进各种生产要素的自由流动，充分发挥市场竞争机制的作用。但是，市场竞争往往也具有限制竞争和妨碍竞争的问题，会出现垄断和不正当竞争的倾向。而垄断和不正当竞争是妨碍市场经济发展的天敌，这就必须通过经济法规对市场经济关系加以协调，以完善市场规则，有效地反对垄断，制止不正当竞争，以及维护市场公平、自由竞争的良好经济秩序。

3. 经济组织内部的经济关系

经济组织是指以企业为主体的各类经济组织，其内部经济关系是指其自身在组织经济活动中发生的各种内部经济管理关系。包括企业领导机构与其下属生产组织之间、各生产组织之间以及企业与职工之间在生产经营管理活动中所发生的经济关系。健全和完善经济组织内部的经济关系是保证社会经济关系健康有序发展的前提。为了保证经济组织行为的规范性和有效性，国家有必要通过法律手段对经济组织内部的经济关系进行协调，达到维护经济秩序和交易安全的目的。这一内容包括经济组织的主体资格类型，以及各类型的内部组织管理、财务会计、投资立项、劳动用工、工资制度、奖惩措施和安全管理等。

(四) 经济法的体系

1. 市场主体法

什么样的主体可以进入国民经济领域成为经济关系主体？是任何主体，抑或是符合特定条件的主体？在市场经济条件下，为了满足保护国家和社会公共利益的需要，国家必须对经济关系主体通过制定相应的法律、法规加以限定，明确其应具备的资格、权限、责任等。市场主体法是规定市场主体的设立、组织、活动、解散及其对内对外关系的法。

2. 市场运行法

市场运行法主要调整市场主体在经营过程中与其他市场主体发生的经济关系的法律规范的总称。我国实行的是市场经济体制，任何市场的存在和发展都离不开和谐、有序和稳定运行状态的良好秩序。经济法体系的这部分内容存在的根本目的，就在于通过调整国家在干预市场秩序的过程中所发生的经济关系，对市场秩序进行规范并最终保证良性的市场经济运行秩序。市场运行法主要包括调整协作关系的法、调整竞争关系的法、市场弱者保护法、产品技术质量标准法。

3. 国家经济调控法

国家经济调控法主要调整国家在从社会经济长远的、整体的利益出发，对关系国计民生的重要经济因素，实行全局性的调节与控制过程中和市场主体发生的经济关系。国家为使社会总供求与总需求达到平衡，运用宏观经济的间接手段，以经济规律作为运作机制引导经济主体的活动，即宏观调控。宏观调控是现代市场经济的重要组成部分。在社会主义市场经济体制下，政府对经济的宏观调控就是借助政府宏观调控的力量对市场经济运行的调节与控制，从而弥补市场调节的弱点和缺陷，实现引导市场经济健康发展的目的。因为宏观经济调控关系涉及国民经济运行全过程，内容十分广泛，主要包括财政关系、金融调控关系、国家计划关系、产业关系、固定资产投资关系、对外经济关系等。

4. 社会分配调控法

随着改革的不断深入，社会发展的脚步越来越快，社会分配问题导致收入差距在城乡之间、行业之间、地区之间、不同群体之间不断扩大，不能公平地分享改革的成果，已经成为影响社会和谐稳定的重要因素，也为经济的进一步发展设置了阻碍。目前，我国以建设和谐社会为发展目标，一切以人为本，这就要求社会分配问题得到最佳解决，减少因为社会利益分享不均而产生的社会矛盾与冲突。而经济法在这重大的社会问题的解决中扮演着重要角色。

（五）经济法的原则

1. 资源优化配置原则

资源的优化配置是指资源在生产与再生产各个环节上的合理、有效的流动和配备。把资源优化配置作为经济法的基本原则，是市场经济体制对经济法的基本要求。社会主义市场经济体制就是要使市场在国家宏观调控下对资源配置起基础性作用的市场经济，而强调市场在配置资源中的基础性作用的同时，不能忽视国家在资源配置中的作用。要在各种经济法律、法规中保证市场在资源配置中的基础性作用的充分发挥，实现生产要素和生产关系要素资源的优化配置。同时，要在各种经济法律、法规中保障国家宏观调控措施在资源配置中的作用的发挥。

2. 社会本位原则

社会本位原则是指经济法在立法时以维护社会公共利益为出发点，使国家适度地干预社会的经济生活。经济法对社会公共利益关系的调整主要是通过对宏观经济关系、微观经济关系、市场关系、社会分配关系和社会保障关系的调整而实现的。经济法要求任何市场主体在进行市场行为时，都不能一味地追求自身利益的最大化，而忽视对社会公共利益的关注，否则就要受到法律的追究。

3. 经济民主原则

经济民主是作为经济高度集中或经济专制的对立物而存在的。在经济法领域，经济民主主要强调的是经济决策的公众参与，包括宏观和微观两个方面：在宏观方面，经济民主要求国家对经济进行干预时，应当广泛征求各方意见，协调各种利益冲突，将宏观调控决策建构在充分对话的基础之上，从而保障和促进国家宏观决策的顺利实施，降低社会运行成本；在微观方面，经济民主则体现为国家在充分尊重企业自由的前提下，要求企业建立一套有效的经济民主机制，保障企业职工的民主权利，促进企业的民主化管理。

4. 经济公平原则

经济公平是指任何一个法律关系的主体，在以一定的物质利益为目标的活动中，都能够在同等的法律条件下，实现建立在价值规律基础之上的利益平衡。在市场经济体制中，经济公平主要体现为交易公平。因此，经济公平也就成了市场经济主体进行市场交易的基本追求和基本条件。经济法以经济公平作为其基本原则，表明了经济法对人类文明所揭示的法律价值的认同。从我国的现实情况来看，影响经济公平的因素主要有行政干预、权力经济、不适当的差别政策、税赋不公、分配不公、价格体制不健全、不正当竞争和垄断等因素，要克服这些因素，必须依靠追求实质公平的经济法的作用。在经济法各项制度和具体执法及司法中，都必须考虑市场主体公平竞争的问题，不得违背和破坏市场公平竞争的客观要求。维护公平原则是经济法反映社会化市场经济内在要求和理念的一项核心性、基础性的原则。

5. 经济效益原则

经济效益是指经济活动中占用、消耗的活劳动和物化劳动与所取得的有用成果的比较，包括微观经济效益和宏观经济效益。微观经济效益应当符合宏观经济效益的要求，而宏观经济效益又是微观经济效益的总和。提高经济效益是我国全部经济工作的重点和归宿，同时也是国家加强经济立法所要追求的终极的价值目标。无论是市场主体法、市场运行法、宏观调控法还是社会分配法，都要把促进和保障提高企业的经济效益及社会效益摆在重要地位。

6. 国家适度干预原则

国家适度干预原则是指经济法作为国家干预经济的法律形式，应当反映国家在多大程度上以什么手段对社会经济生活进行干预才是最为恰当的，这是体现经济法本质特征的原则。经济法是为了认可和规范政府干预经济而产生的一种法律规范。政府适度干预原则，强调经济法应当通过明确的授权，授予政府在一定的权限内对经济运行加以干预，这种干预应当是积极主动的，既不能"过多"，又不能"过少"，而应当根据不同的社会经济发展的需要，限制在"适度"的范围之内。经济法只有把适度干预作为自己的原则，才能有效避免干预的随意性,这个原则贯穿于一切经济法律法规中。例如,银行法中关于控制货币的发行,劳动法中关于促进就业,自然资源法中对自然资源的开发、利用和保护,环境保护法中的同时设计、同时施工、同时投产及排污收费制度等各项相关规定,无一不体现国家对这些领域中关系全局性和社会公共性的社会关系的强有力的干预。

二、经济法律关系

(一)经济法律关系的概念

法律关系是指法律规范在调整人们的行为过程中形成的权利义务关系。法律关系是由法律规定和调整的关系,法律关系的产生、变更和消灭是以得到法律认可为前提的。经济法律关系是国家根据经济法律规范在限定市场主体资格、规制市场秩序、进行宏观调控和监管经济的过程中,在经济法主体之间所形成的权利义务关系。

第一,经济法律关系是在经济领域中发生的意志关系。经济法律关系产生于经济领域,这一领域的范围是多方面的,主要可归为经济领域的管理关系和协调关系。这一关系体现的是国家意志和当事人意志,而后者必须以前者为依据,不能违背前者的基本内容。同时,后者又是前者的归宿,即国家意志最终是靠当事人意志来实现调整经济关系的目的的,没有当事人意志,经济法律关系既不能形成,也不能实现。

第二,经济法律关系是经济法规定和调整的法律关系。由于经济法规是经济法律关系产生和其内容得以实现的前提,因而,没有经济法规的具体规定,该法律关系不能产生,其内容也无法实现。从此种意义上说,经济法律关系也是经济法规调整经济关系的必然结果。

第三,经济法律关系是一种具有经济内容的权利义务关系。权利义务是法律关系的核心,法律确认某一法律关系亦是依靠确认权利义务关系来实现的。经济法律关系所体现的权利义务则具有经济内容,即是为了完成一定的经济任务和实现一定的经济目的。权利义务关系的确定是经济法律关系形成的标志,其变更也是经济法律关系变更的依据,其实现也是当事人参与经济法律关系的根本目的。

第四,经济法律关系是具有强制性的权利义务关系。经济法律关系的权利义务一旦形成,即受国家强制力保护,任何一方当事人都不得违背。如果某一方不履行经济法律关系确定的义务,将会受到法律的追究,任何一方的权利受到侵害,都可请求法律的保护。

（二）经济法律关系的构成要素

1. 经济法律关系主体

（1）国家机关

国家机关，是行使国家职能的各种机关的通称。它包括国家权力机关、国家行政机关、国家审判机关、国家检察机关等。作为经济法主体的国家机关，主要是国家行政机关中的经济管理机关。国家经济管理机关在国家干预经济运行过程中，主要在市场管理和宏观经济调控过程中发挥重要作用。

（2）经济组织和社会团体

经济组织包括企业和其他经济组织，它是市场中最主要的主体，是经济法律关系中最广泛的主体。社会团体主要是指人民群众或社会组织依法组成的非经营性的社会组织，包括群众团体、公益组织、文化团体、学术团体、自律性组织等。

（3）经济组织的内部机构和有关人员

国家通过制定经济法律、法规，对经济组织的内部领导制度和财务、会计等管理问题做出规定，以保障经济发展。经济组织内部担负一定经济管理职能的分支机构和有关人员，在根据法律、法规的有关规定参加经济组织内部的经济管理法律关系时，具有经济法律关系主体的资格。

（4）农户、个体经营户和公民个人

农户、个体经营户和公民个人，除了可以参加民事等法律关系以外，当他们在国家干预经济运行过程中依法同国家机关、企业、事业单位、社会团体等发生经济权利和经济义务关系时，就成为经济法律关系主体。

个体工商户是指公民在法律允许的范围内，依法经核准登记，从事工商业经营的家庭或户。个体工商户的法律特征表现为：个体工商户是从事工商业经营的自然人或家庭，自然人或以个人为单位，或以家庭为单位从事工商业经营，均为个体工商户；自然人从事个体工商业经营必须依法核准登记，个体工商户的登记机关是县以上工商行政管理机关；个体工商户只能经营法律、政策允许个体经营的行业；个体工商户的债务，在个人经营的情况下，以个人财产承担；在家庭经营的情况下，以家庭财产承担。

农村承包经营户是农村集体经济组织的成员在法律允许的范围内，按照承包合同的规定从事商品经营，以户的形式独立为民事法律行为的一种特殊民事主体，享有特殊的民事权利能力和民事行为能力。它不属于个体经济的范畴，是农村集体经济组织的一种生产经营方式的法律表现。农村承包经营户按照与集体经济组织签订的承包合同从事经营活动，除满足家庭消费外，主要以商品交换为目的。它不必经工商管理部门核准登记，也不能起字号。农村承包经营户的债务，个人经营的，以个人财产承担；家庭经营的，以家庭财产承担。

2. 经济法律关系内容

（1）经济权利

经济权利是指经济法主体依照经济法律、法规的规定或相互间的约定可以自己为一定行为或不为一定行为，以及要求他人为一定行为或不为一定行为的资格和可能性。经济权利可分为原生权利和取得权利。

原生权利，是指经济权利主体依照经济法律、法规、命令等直接取得的，不必依赖特定义务主体的行为即可行使和实现的权利。这类权利经常表现为权力或经济职权。此类权利是经济权利主体在其组成时即依法获得，它的存在和实行既不必再有别的法律许可或授权，也不必依赖他人的行为，即不必非得有一个特定的义务主体的行为或有一定的具体法律关系，才能体现出来。

取得权利与原生权利不同，它是指经济权利主体必须通过参加经济法律关系，通过特定义务主体为一定行为，才能获得的权利。这种权利的实现，必须依赖于义务主体的行为，而且必须是依赖它全面、正确地履行，经济权利才能获得。经济合同关系和其他经济债权关系中的权利，都属此类权利。

（2）经济义务

①一般经济义务

一般经济义务指一般组织或公民依照经济法律、法规规定，必须做出一定行为或不做出一定行为的约束，主要包括守法经营的义务、公平竞争的义务、接受监督的义务。经济法主体承担的一般经济义务主要有：贯彻国家的方针和政策，遵守法律、法规；完成指令性计划；全面履行经济协议和经济合同；依法缴纳税金；不得侵犯其他经济法主体的合法权益等。

②特殊经济义务

特殊经济义务指经济管理机关基于其地位与职能，依照经济法律、法规规定，必须履行的职责。主要有政府必须正确行使权力的义务，即政府必须正确行使权力，不得放弃或转让，否则就是失职行为；同时权力的行使必须符合规范，不得超越权限范围，违反法定程序，否则也是违反义务。还有政府应当为市场主体的生产经营活动提供或创造便利条件的义务，包括向市场主体提供信息和咨询，协调经济摩擦、组织劳动就业、培育和完善市场体系、发展和完善公共设施及公益事业等。

3. 经济法律关系客体

经济法律关系的客体是指经济法主体权利和义务所指向的对象，是经济法主体通过经济法律关系所追求的目标。经济法律关系的客体必须是经济法主体能够控制、支配的事物。在不同的社会历史条件下，经济法律关系客体的范围是不同的；经济法律关系的客体必须是国家经济法律允许进入经济法律关系，成为其客体的物或行为；经济法律关系的客体应当是能够直接体现一定的经济效益或是可以借以获得一定的经济利益的物或行为。

（三）经济法律关系的产生、变更和消灭

1. 经济法律关系的产生

经济法律关系的产生是指经济法律主体之间形成的经济权利和经济义务关系。经济法律关系总是基于一定的法律事实而产生的。

2. 经济法律关系的变更

经济法律关系的变更是指经济法律关系主体、客体和内容的变更。主体的变更既可以是主体数目的增多或减少，也可以是原来主体的改变；客体的变更既可以是范围的变更，也可以是性质的变更；由于主体和客体的变更，相应的权利和义务也随之有所改变。国家为了稳定经济生活，对经济法律关系的变更做了严格限制，除经双方当事人协商同意和不可抗力事件外，一般不得随意改变，否则要承担法律责任。

3. 经济法律关系的消灭

经济法律关系的消灭是指经济法主体间的权利和义务关系的终止。有两种情况：一种是绝对消灭，就是主体间权利、义务不存在了，如合同得到全部履行；另一种是相对消灭，如履行了部分合同义务，或将义务转移给他人等。

（四）法律事实和法律行为

1. 法律事实

（1）事件

事件指同当事人意志无关的客观现象，或者说是不以当事人的意志为转移的客观事实。事件作为法律事实，只限于法律有明文规定的情况。构成法律事实的事件有两种情况：①由自然原因引起的事件，如地震、火灾、雷电、冰雹、海啸、洪水等；②与当事人意志无关的人为事件，如战争、政变等。

（2）行为

行为指人们有意识的活动，或者说是以人们的意志为转移的客观事实。行为根据其是否符合国家法律、法规、政策的要求，可分为合法行为和违法行为两种。

合法行为是指符合法律、法规和政策规定，从而受到国家法律保护，能产生行为人预期法律后果的行为。合法行为还可进一步分为经济合法行为、经济司法行为、公证行为。

违法行为是指法律明文规定禁止的行为，即侵犯其他经济法律关系主体的权利和利益的行为。违法行为是一种法律上无效的行为。

2. 法律行为

（1）法律行为的特征

①法律行为是以达到一定的民事法律后果为目的的行为

这一方面表明法律行为应是行为人有意识创设的、自觉自愿的行为，而非受胁迫、受欺诈的行为；另一方面表明法律行为是行为人以达到预期目的为出发点和归宿的。法律行为的目的性是决定和实现行为的法律效果的基本依据。

②法律行为以意思表示为要素

意思表示是指行为人将其期望发生法律效果的内心意思，以一定方式表达于外部的行为。行为人仅有内心意思但不表达于外部，则不构成意思表示，法律行为也不能成立，行为人表达于外部的意思如果不是其内心的真实意思，法律行为原则上也不能成立。

③法律行为是具有法律约束力的合法行为

法律行为只有从内容到形式均符合法律要求或不违背法律的规定，才能得到法律的承认和保护，也才能产生行为人所预期的法律后果，否则，该行为不但不会产生行为人预期的法律后果，而且会受到法律的制裁。因此，非法行为不是法律行为，例如侵权行为。

（2）法律行为的有效要件

①法律行为的形式有效要件

法律规定用特定形式的，应当依照法律规定。如果行为人对法律规定必须采用特定形式而未采用的，其所进行的法律行为则不产生法律效力。书面形式可分为一般书面形式和特殊书面形式。特殊书面形式主要包括公证形式、鉴证形式、审核批准形式、登记形式、公告形式等。一般而言，书面形式优于口头形式，特殊书面形式优于一般书面形式。

其他形式主要有视听资料形式和沉默形式。根据我国最高人民法院有关司法解释的规定，当事人以录音、录像等视听资料形式实施的民事行为，如有两个以上无利害关系人作为证人或有其他证据证明该民事行为符合相关规定的实质有效要件的，可以认定有效，一方当事人向对方当事人提出民事权利的要求，对方未用语言或文字明确表示意见，但其行为表明已接受的，可以认定为默示。不作为的默示只有在法律有规定或当事人双方有约定的情况下，才可以视为意思表示。

②法律行为的实质有效要件

第一，行为人具有相应的民事行为能力。民事行为能力是指法律确认公民、法人或者其他组织能够通过自己的行为实现民事权利、承担民事义务的资格。根据规定，无行为能力人，即不满8周岁的未成年人和不能辨认自己行为的精神病人，进行的行为不具有法律效力；限制民事行为能力人，即8周岁以上的未成年人和不能完全辨认自己行为的精神病人，只能进行与其年龄、智力或精神健康状况相适应的民事活动，其他民事活动应由其法定代理人代理或征得其法定代理人同意；完全民事行为能力人，即18周岁以上的成年人和16周岁以上不满18周岁但以自己的劳动收入为主要生活来源的公民，可以独立地在其民事权利能力范围内进行民事活动。对于法人而言，民事行为能力随其成立而产生，随其终止而消灭。

第二，意思表示真实。如果意思表示不真实（亦可称为有瑕疵），其法律效力就会受到影响。例如，行为人的意思表示是基于胁迫、欺诈的原因而做出的，则因其不能真实反映行为人的意志而不产生法律上的效力；行为人基于某种错误认识而导致意思表示与内心意志不一致的，则只有在存在重大错误的情况下，才有权请求人民法院或仲裁机构予以变更或撤销；行为人故意做出不真实的意思表示的，则该行为人无权主张行为无效；善意的相对人或第三人可根据情况主张行为无效。

第三，不违反法律或社会公共利益。不违反法律是指意思表示的内容不得与法律的强制性或禁止性规定相抵触，也不得滥用法律的授权性或任意性规定达到规避法律强制规范的目的。不违反社会公共利益是指法律行为在目的上和效果上不得损害社会经济秩序、社会公共秩序和社会公德，不得损害国家及各类社会组织和个人的利益。

三、经济法律责任

（一）经济法律责任的含义及特征

1. 经济法律责任的含义

法律责任是指行为人因违法行为、违约行为或法律规定而应承担的不利的法律后果。经济法律责任是指由经济法规定，经济主体违反经济义务时必须承担的法律后果。

2. 经济法律责任的特征

经济法律责任具备法律责任的一般特征，但又有所区别：第一，经济法律责任具有综合性和统一性,即它不是指某种单一的法律责任,而是民事责任、行政责任和刑事责任的统一。第二,经济法律责任具有双重处罚性,即它对违法人进行经济制裁时又可对直接责任人予以民事、刑事或行政制裁。第三,经济法律责任具有多元追踪性,即有权追究经济法律主体的经济法律责任并实施法律制裁的机关除了司法机关外,还有国家的行政管理机关和仲裁机构。

(二) 经济法律责任的形式

1. 民事责任

民事责任是指法律关系主体由于民事违法、违约行为或根据法律规定所应承担的不利民事法律后果。根据规定,承担民事责任的主要形式有:①停止侵害;②排除妨碍;③消除危险;④返还财产;⑤恢复原状;⑥修理、重作、更换;⑦赔偿损失;⑧支付违约金;⑨消除影响,恢复名誉;⑩赔礼道歉。

2. 行政责任

行政责任是指国家行政机关或国家行政机关授权的组织依行政程序对违反法律、法规规定的当事人所给予不利后果的法律追究。行政责任包括行政处分和行政处罚。对违反经济法的责任人通常给予的是行政处罚,种类有:①警告;②罚款;③没收违法所得,没收非法财物;④责令停产停业;⑤暂扣或者吊销许可证,暂扣或者吊销执照;⑥行政拘留;⑦法律、行政法规规定的其他行政处罚。

3. 刑事责任

刑事责任是指触犯国家刑法的犯罪人所应承受的由国家审判机关(人民法院)给予的不利后果的法律追究。根据《中华人民共和国刑法》(以下简称《刑法》)规定,刑罚分为主刑和附加刑两类。主刑是对犯罪分子适用的主要刑罚,有管制、拘役、有期徒刑、无期徒刑和死刑五种;附加刑是补充、辅助主刑适用的刑罚,有罚金、剥夺政治权利、没收财产。附加刑可以附加于主刑之后,作为主刑的补充同主刑一起适用,也可以单独适用。

经济法是调整国家在经济管理和协调发展经济活动过程中所发生的经济关系的法律规范的总称。经济法的调整对象是国家在经济管理和协调发展经济活动过程中所发生的经济关系。经济法律关系是国家根据经济法律规范在限定市场主体资格、规制市场秩序、进行宏观调控和监管经济的过程中,在经济法主体之间所形成的权利义务关系。经济法律关系是由经济法律关系的主体、经济法律关系的内容和经济法律关系的客体这三个要素构成的。缺少其中任何一个要素,都不能构成经济法律关系。只有存在被法律规范所规定的事实，才能引起经济法律关系的产生、变更与消灭。经济法律责任是指由经济法规定，经济主体违反经济义务时必须承担的法律后果。根据我国有关法律规定，违反法律、法规应当承担的法律责任可分为民事责任、行政责任和刑事责任三种。

第二节 基本民事法律制度

一、物权与债权

（一）物权

1. 物权的特征

（1）物权是权利人直接支配物的权利

所谓直接支配其标的物，是指物权人可以依自己的意志在其标的物上直接行使其权利，无须他人的意思或义务人的行为的介入。因此，物权是绝对权。物权的客体是物。这里的物既包括有体物，如不动产（土地、房屋等）、动产（桌椅、杯子、汽车等），以及虽然不占据一定空间或具备一定形状但是能为人力所控制的电、气、光波、磁波等物，也包括法律明确规定的权利，如权利质权。在权利上设定的物权，为准物权。物权的客体必须为特定物，如果标的物不特定化，物权人也无从对其进行直接支配，物权的客体可以是某个独一无二的物，也可以是特定化了的种类物。同时，物权的客体一般应是独立物，即能够单独、个别地存在的物。

（2）物权是权利人直接享受物的利益的权利

物权是一种具有物质内容的、直接体现为财产权益的权利，是财产权中的重要部分。因此，物权的目的在于享受物之利益，具体包括：物的归属；物的利用；就物的价值而设立债务的担保。

（3）物权是排他性权利

物权是一种具有独占性的权利，具有排他性。

物权的排他性表现为：①物权人有权排除他人对于他行使物上权利的干涉；②同一物上不许有内容不相容的物权并存，如同一栋房子不能同时存在两个所有权。但是同一物可以有多个人共同享有同一个所有权，如两个或两个以上的人可以共同享有一栋房子的所有权。一物之上可以设定两个以上的抵押权。

2. 物权的类型

（1）所有权

所有权是所有人在法律规定的范围内独占性地支配其所有的财产的权利。财产所有权是指所有人依法对自己的财产享有占有、使用、收益和处分的权利。所有权人对自己的不动产或者动产，依法享有占有、使用、收益和处分的权利。由此可知，所有权人对其所有的财产有占有、使用、收益、处分的权能，以充分实现所有权，发挥物的效用。

（2）用益物权

用益物权是指对他人所有的物在一定范围内占有、使用和收益的权利。我国物权法规定了土地承包经营权、建设用地使用权、宅基地使用权、地役权、典权、探矿权、采矿权等。

（3）担保物权

担保物权是指为确保债权的实现而设定的，在债务人或第三人的物上设定的以直接取得或支配其交换价值为内容的权利。

3. 物权的效力

（1）物权的优先效力

①物权相互间的优先效力

物权相互间的优先效力，一般是以物权成立时间的先后确定物权效力的优先顺序。两个在性质上不能共存的物权不能同时存在于一个物上，后发生的物权当然不能成立；如果两个物权在性质上并非不能共存，则后发生的物权仅于不妨碍先发生的物权的范围内得以成立，先发生的物权优先于后发生的物权。

但限制物权例外。限制物权指在他人所有之物上设定的权利，是于特定方面支配物的物权。限制物权是根据所有人的意志设定的物上负担，起着限制所有权的作用。因此虽然限制物权成立于所有权之后，但是限制物权的效力优先于所有权。如土地所有权人在自己的土地上为他人设定建设用地使用权，就只能由享有建设用地使用权的人使用土地。

具体而言，各类物权依其性质是否可以并存的情况表现为：用益物权与担保物权原则上可以并存，例外的是以占有为要件的质权、留置权与用益物权不能并存；用益物权与用益物权一般都难以并存，但地役权（主要是消极地役权）有时可与其他用益物权并存；担保物权与担保物权一般能够并存，但当事人有特别约定时不能并存，以占有为要件的留置权等担保物权之间也不能并存。

②物权对于债权的优先效力

同一标的物上物权与债权并存时，物权有优先于债权的效力。主要表现为：第一，在同一标的物上,既有物权,又有债权时,则物权有优先于债权的效力。这是因为物权是直接支配物的权利,债权的实现则要依靠债务人的行为,不能对物进行直接支配。但在法律有特别规定的情况下,也有极少数的例外,如"买卖不破租赁"。第二,在债权人依破产程序或强制执行程序行使其债权时,作为债务人财产的物上存在他人的物权时,该物权优于一般债权人的债权;在债务人的财产上设有担保物权的,担保物权人享有优先受偿的权利;在破产时,非属于债务人所有之物,所有人有取回该物的权利。

(2) 物上请求权

物权人在其权利的实现上遇有某种妨碍时,有权请求造成妨害事由发生的人排除此等妨害,这种权利称为物上请求权或物权请求权。

物上请求权是基于物权是绝对权、对世权,物权的实现无须他人行为的介入。物上请求权赋予物权人各种请求权,以排除对物权的享有和行使造成的各种妨害,从而恢复物权人对其标的物的原有的支配状态。

物上请求权是以物权为基础的一种独立的请求权,由于物上请求权派生于物权,其命运与物权相同,即其发生、移转与消灭均从属于物权,不能与物权分离而单独存在。

物上请求权的行使不必非得依诉讼的方式进行,也可以依意思表示的方式为之,即物权受到妨害后,物权人可直接请求妨害人为一定的行为或不为一定的行为,包括请求妨害人返还原物(如果原物已经灭失,就只能请求赔偿损失)、排除妨害、消除危险等。

4. 物权的产生、变更和消灭

(1) 物权的产生

物权的产生即物权人取得了物权,它在特定的权利主体与不特定的义务主体之间形成了物权法律关系,并使特定的物与物权人相结合。物权的取得分为原始取得和继受取得。

原始取得是指不以他人的权利及意思为依据,而是依据法律直接取得物权,如因生产、征收等取得所有权。继受取得是指以他人的权利及意思为依据取得物权。如因买卖、赠与等取得所有权。

引起物权取得的原因:第一,民事行为,如买卖、互易、赠与、设定抵押权等。第二,民事行为以外的原因,主要有:因取得时效取得物权;因征收或没收取得物权;因法律的规定取得物权;因附和、混合、加工取得所有权;因继承取得物权;因拾得遗失物、发现埋藏物或隐藏物取得所有权;因合法生产、建造取得物权;因人民法院、仲裁委员会的法律文书取得物权;孳息的所有权取得。

(2) 物权的变动

物权的变动包括物权的主体、客体或内容的变动。

物权是对于物进行直接支配的权利，具有优先权和物上请求权的效力。如果不以一定的可以从外部查知的方式表现物权的变更，就会给第三人带来难以预测的损害，必然会产生各种纠纷，难以确保交易安全。

（3）物权的消灭

引起物权消灭的原因有：①民事行为，如抛弃、合同、撤销权的行使等；②民事行为以外的原因，如标的物灭失、法定期间的届满、混同等。

（二）债权

1. 债的要素

（1）债的主体

债的主体，是指参与债的关系的当事人。其中，享有债权的主体叫作债权人，负有债务的主体称为债务人。在某些债中，债权人仅享有债权而不负有债务，债务人仅负担债务而不享有债权。而在多数情况下，债权人既享有债权又负有债务，债务人亦然。债权人和债务人是相互对立、相互依存的，缺少任何一方，债的关系就不能成立和存续。

（2）债的内容

债的内容主要由债权和债务构成。债权是债权人得请求债务人为给付的权利。债务是指债务人依约定或法定所应负担的应为给付的义务。其内容包括实施积极的特定行为，也包括不实施特定的行为。

（3）债的标的

债的标的，又称债的客体，是指债权债务所指向的对象。债权债务所指向的对象就是债务人的给付。从债权人方面观察，债权是一种能够请求债务人做一定给付的权利；自债务人方面而言，债务系应债权人请求而为一定给付的义务。

2. 债权的产生

（1）合同

合同是指民事主体之间设立、变更和消灭民事权利义务关系的协议。合同是债发生的主要依据，大量的债都与合同有关。

（2）不当得利

不当得利是指没有法律上或合同上的根据，一方得利，他方受损。获利的一方有义务将所得的不当利益返还给利益受损人，由此便产生双方的债权债务关系。

(3) 无因管理

无因管理是指没有法定或者约定的义务，为避免他人利益受损而管理他人事务的行为。管理人应向本人转移管理所得，本人应向管理人支付管理中的开支等，由此在管理人和本人之间发生债权债务关系。

(4) 侵权行为

侵权行为是指法律规定，因侵权行为人违反法律法规，给特定的人造成人身或者财产方面损害的行为。侵权行为人有义务对受害人进行赔偿。

其中，因不当得利、无因管理、侵权行为产生的债权属于法定债权，因合同产生的债权属于意定债权。

(三) 物权与债权的比较

1. 物权与债权的联系

物权与债权均为财产权，债权以物权为其基础，债权则是物权变动的法律媒介，债权的实现以债权人取得物权为结果。

2. 物权与债权的区别

(1) 物权与债权反映不同的财产关系，实现的目的不同

物权反映静态的财产支配关系，通过确认财产的归属，旨在维系财产的"静"的安全。债权反映动态的财产流转关系，旨在促进财产的流转交易，维护财产的"动"的安全。

(2) 物权是对世权、绝对权、支配权，债权是对人权、相对权、请求权

物权为对世权、绝对权、支配权，权利人对物有直接支配的权利，权利人以外的任何人都依法负有不干涉、妨碍他人行使物权的不作为义务，以不特定的任何人为义务主体。债权为对人权、相对权、请求权，以特定的债务人为义务主体，特定的债务人依债的内容对债权人负担给付财产或提供劳务等作为的义务，债权人只能请求特定的债务人履行相应的义务，而不能对债务人的人身或财产直接予以支配。

(3) 物权优先于债权

同一物上既存在物权又存在债权的，物权往往具有优先于债权的优先效力。

(4) 物权的变动采公示主义，债权的变动则无须公示

物权为对世权，其效力及于全社会，任何人对物权人的物权均负有不作为的义务。为确保交易安全，物权的变动采公示主义。而债权为对人权，其效力仅及于特定的债务人，

不及于其他人，因此其无须公示。

(5) 物权具有优先性，债权具有平等性

同一物上存在的数个相同性质的物权，先成立的物权一般优先于后成立的物权，但针对同一物产生的数个债权，则不因成立时间在先而具有优先性。

二、代理

(一) 代理的概念及法律特征

1. 代理的概念

代理是指代理人以被代理人（又称本人）的名义，在代理权限内与第三人（又称相对人）为法律行为，其法律后果直接由被代理人承受的民事法律制度。例如，某甲接受某乙的委托，以某乙的名义与某丙签订合同，而在某乙和某丙之间形成债权债务关系。

民事主体中的无民事行为能力人、限制民事行为能力人都不能独立实施民事法律行为或超出其行为能力范围的民事法律行为。有了代理制度，就使得无民事行为能力人或限制民事行为能力人的民事行为能力通过代理得到弥补。完全民事行为能力人，虽有民事行为能力，但受时间、精力、专业知识、地域的限制，也不能事必躬亲，代理制度则给其以分身之术，使其民事行为能力得以扩张。法人民事行为能力的实现要通过法定代表人实现，而法人业务的广泛性和复杂性，也决定了其行为能力的实现依赖法定代表人委托代理人代理的方式。因此，代理制度的主要功能就是补充和扩张了各类民事主体的行为能力。

2. 代理的法律特征

(1) 代理行为是能够引起民事法律后果的民事法律行为

通过代理人所为的代理行为，能够在被代理人与第三人之间产生、变更或消灭某种民事法律关系，如代订合同而建立了买卖关系、代为履行债务而消灭了债权债务关系。代理行为具有法律上的意义，同样是以意思表示作为构成要素。因此，代理行为区别于事务性的委托承办行为。诸如代为整理资料、校阅稿件、计算统计等行为，不能在委托人与第三人之间产生民事法律关系，不属于民法上的代理行为。

(2) 代理人一般应以被代理人的名义从事代理活动

代理人在代理权限内，以被代理人的名义实施民事法律行为。在代理关系中，代理人是代替被代理人从事法律行为，以实施被代理人所追求的民事法律后果。显然，基于代理行为所产生的民事法律关系的主体应是被代理人，故代理人一般应以被代理人的名义从事代理行为。但是，根据规定，受托人以自己的名义，在委托人授予权限范围内与第三人订立的合同也对委托人产生约束力。由此可见，我国立法既在原则上确认显名代理，也在法定条件下承认隐名代理。

（3）代理人必须在代理权限内进行活动

代理权是代理关系产生的基础，代理人实施法律行为必须以代理权为依据，不得超出代理权限的范围，否则就会形成无权代理。

（4）代理人在代理权限内独立进行意思表示

虽然代理人在实施法律行为时不得超出代理权限范围，但是代理人在进行代理行为时并不是被代理人的附庸，而是具有独立的法律地位，其在代理权限内独立地向第三人做出意思表示或接受意思表示。

（5）代理行为的法律效果最终归属于被代理人

代理人在代理权限范围内所谓的行为，等同于被代理人自己所为的行为，产生与被代理人自己行为相同的法律后果。因此，由代理行为产生的权利、义务、责任均由被代理人承受。

（二）代理的适用范围

从主体上看，公民、法人及其他组织均可通过代理人进行民事活动。从行为上来看，绝大多数法律行为都可以代理。

不能代理的行为包括：①具有人身性质的法律行为，如结婚、离婚、继承、收养等等；②违法行为；③依照法律规定或者当事人双方约定，应当由本人实施的其他法律行为。

（三）代理的种类

1. 委托代理

委托代理是指基于被代理人的委托而发生的代理关系。委托代理是最重要的代理种类。委托代理适用于有完全民事行为能力人有代理需要的情形。

委托代理中，代理人的代理权由被代理人依法授予，因此委托代理又称授权代理。授权行为是一种单方民事行为，仅凭代理人的单方授权，即可产生代理法律关系，因此委托代理又称意定代理。

委托代理的适用范围广泛，包括委托合同、劳动合同、合伙合同、承揽合同等在内的民商事活动和诉讼活动均可采用委托代理。根据规定，民事法律行为可以采用书面形式、口头形式或者其他形式。法律、行政法规规定或者当事人约定采用特定形式的，应当采用特定形式。在授权中应明确规定代理事项和权限的范围与期限。委托书授权不明的，被代理人应当向第三人承担民事责任，代理人负连带责任。

在委托代理中，一般应由代理人亲自完成代理行为，但代理人为被代理人的利益，并且取得本人同意也可转托他人代理。这时，可以把原来在本人与代理人之间存在的代理关系称为"本代理"，而把受转托的他人与本人之间的代理关系称为"复代理"。复代理人虽是由本代理人选任的，但也是本人的代理人，他在授权范围内所为的代理行为的法律后果同样直接归本人承受。

2. 法定代理

法定代理是指根据法律的直接规定而产生的代理行为。法定代理主要是为无民事行为能力人和限制民事行为能力人而设置的，一般基础关系为亲权关系或监护关系。如无民事行为能力人、限制民事行为能力人的监护人是其法定代理人。监护人代替被监护人行使民事权利，维护被监护人的合法权益。

3. 指定代理

指定代理是指按照人民法院或有关单位的指定发生代理权的代理。指定代理适用于有义务担任无民事行为能力和限制民事行为能力人的监护人有争议的情形。

(四) 代理法律关系

代理活动涉及三方主体：代理人、被代理人、相对人。其中，代他人实施民事法律行为的人，称为代理人；由他人以自己的名义代为民事法律行为，并承受法律后果的人，称为被代理人；与代理人实施法律行为的人称为第三人或相对人。代理法律关系还包含三方面的内容：一是被代理人与代理人之间产生代理的基础法律关系，如委托合同；二是代理人与第三人所为的民事法律行为，称为代理行为；三是被代理人与第三人之间承受代理行为产生的法律后果，即基于代理行为而产生、变更或消灭的某种法律关系。

代理人以被代理人的名义，在代理权限内与第三人为法律行为，其法律后果直接由被代理人承受。

代理人不履行职责而给被代理人造成损失应当承担民事责任；代理人与第三人恶意串通损害被代理人利益的，由代理人和第三人负连带责任；没有代理权、超越代理权或代理权已终止后所为的代理行为，只有经被代理人的追认，被代理人才承担代理行为的法律后果，否则均由行为人承担民事责任，但是表见代理人除外。

第三人明知行为人无代理权、超越代理权限或代理权已终止而仍与其为法律行为而致他人损害的，由第三人承担连带责任。代理人明知代理事项违法仍进行代理活动的，或被代理人明知代理人的代理行为违法而不加反对的，由代理人和被代理人负连带责任。

（五）表见代理

1. 表见代理的构成要件

第一，行为人无代理权。

第二，必须有客观上使相对人相信行为人具有代理权的事实或理由。如代理权被撤销或终止，但本人的行为仍然有足以造成相对人相信代理权继续存在的外观而形成的表见代理；行为人持有被代理人盖有公章的合同书形成的表见代理；因本人自己的行为给相对人造成了对表见代理人授权表象形成的表见代理；职务授权中本人对代理人代理权的限制，相对人难以知晓形成的表见代理；代理人越权形成的表见代理。

第三，第三人必须为善意且无过失。

第四，行为人与相对人之间的民事行为具备代理的表面特征及民事法律行为的有效要件。

第五，本人对无权代理行为不予追认。

2. 表见代理的法律后果

对于表见代理的被代理人而言，产生有权代理的效力，即被代理人与相对人之间产生民事法律关系，被代理人受到该行为法律后果的约束，而不能以无权代理、行为人具有故意或过失、自己没有过失等为由进行抗辩，拒绝承担后果。表见代理成立后，被代理人因承受该法律效果而导致损失的，有权向表见代理人主张损害赔偿。

表见代理的相对人享有选择权。相对人既可选择主张表见代理成立，要求被代理人承担法定义务，也可以选择主张狭义的无权代理而不履行任何义务。

（六）代理的终止

代理因一定的法律事实而终止。根据规定，委托代理因下列情况的出现而终止：代理期限届满或者代理事务完成；被代理人取消委托或代理人辞去代理；代理人死亡或丧失行为能力；作为被代理人或者代理人的法人终止。法定代理和指定代理在出现以下情况时终止：被代理人取得或恢复行为能力；被代理人或代理人死亡；代理人丧失行为能力；人民法院或其他指定单位取消指定；其他原因，如夫妻离婚、收养关系解除等引起的被代理人与代理人之间的监护关系消灭。

三、法人

（一）法人的概念和特征

1. 法人的概念

法人是具有民事权利能力和民事行为能力，依法享有民事权利和承担民事义务的社会组织。法人是法律创设的与自然人相对应的主体。

2. 法人的特征

（1）法人是一种社会组织

法人可以是自然人的联合体，如有限责任公司、学会、协会等；也可以是财产的联合体，如基金等。

（2）法人是依法独立享有民事权利和承担民事义务的社会组织

这种独立性具体表现为：①组织上的独立性，不因单个成员的存在与否影响组织；②财产上的独立性，与成员的个人财产相区分；③责任上的独立性，以自己的独立财产独立承担民事责任。

3. 法人与非法人组织

非法人组织的形态主要有非法人企业，包括非法人私营企业、合伙企业、非法人集体企业、非法人外商投资企业，以及企业集团、企业法人的分支机构、个人独资企业、个体工商户；筹建中的法人组织如筹备处、筹建委员会、筹建指挥部等，以及非法人公益组织，包括非法人机关事业单位、社会团体等。非法人组织同法人组织一样都属于社会组织，都是独立的民事主体。其与法人不同的地方在于民事责任的承担上，非法人组织不能完全独立承担民事责任，当非法人组织不能清偿到期债务时，应由非法人组织的出资人或开办单位承担连带责任，法人组织在不能清偿到期债务时一般不能由其出资人承担连带责任。

（二）法人的类型

1. 企业法人

企业法人指以营利为目的，独立从事商品生产和经营活动的法人。如有限责任公司与股份有限公司。全民所有制企业、集体所有制企业有符合国家规定的资金数额，有组织章程、组织机构和场所，能够独立承担民事责任，经主管机关核准登记，取得法人资格。在中华人民共和国领域内设立的中外合资经营企业，中外合作经营企业和外资企业，具备法人条件的，依法经工商行政管理机关核准登记，取得中国法人资格。

2. 机关法人

机关指依法享有国家赋予的公权力，并因行使职权的需要而享有相应的民事权利能力和民事行为能力的国家机关。机关法人因行使职权的需要而参与民事活动时，才属于以公法人的身份进行活动，并与相对的民事主体处于平等地位。有独立经费的机关从成立之日起，具有法人资格。

3. 事业单位法人

事业单位法人指从事非营利性的社会公益事业的法人。包括从事文化、教育、卫生、体育、新闻等公益事业的法人，如大学、国家图书馆等。

4. 社会团体法人

社会团体法人指由自然人或法人自愿组建，经批准从事社会公益、文学艺术、学术研究、宗教等活动的各类法人。

具备法人条件的事业单位、社会团体，依法不需要办理法人登记的，从成立之日起，具有法人资格；依法需要办理法人登记的，经核准登记，取得法人资格。

(三) 法人的成立条件

1. 依法成立

依法成立是指依照法律规定而成立。首先，法人组织设立的目的、宗旨必须符合法律规定，符合国家利益和社会公共利益的要求；其次，法人成立须有其具体的法律依据；最后，法人成立的程序符合法律、法规的规定。

2. 有独立的财产或经费

这是法人以自己的名义独立进行民事活动的物质基础，也是其独立承担民事责任的财产保障。所谓必要的财产或经费是法人要有与其设立的宗旨、性质、规模、活动范围等相适应的资产。

3. 有自己的名称、组织机构和活动场所

法人的名称、组织机构和活动场所是法人作为独立民事主体不可或缺的条件。法人的名称只能有一个，而且要符合法律、法规的要求。

法人的组织机构是法人对内管理法人事务，对外代表法人进行民事活动的常设机构的总称。法人意志总是要通过一定的机构产生，并通过一定的机构来具体实现。任何社会组织要成为法人都必须有自己的组织机构。不同的法人有不同的组织机构，如公司企业法人设有权力机构（股东会或股东大会）、执行机构（董事会）、监督机构（监事或监事会）。法人的场所是法人开展业务活动的处所。法人的场所可以是自己所有的，也可是租赁他人的，但必须有固定的活动场所。法人的活动场所和法人的住所不同，法人的住所是法人主要办事机构所在地，一个法人可以有多个活动场所，但只能有一个住所。

（四）法人的能力和责任

1. 法人的民事权利能力

法人的民事权利能力是指法人作为民事主体所具有的能够参与民事法律关系并且享有民事权利和承担民事义务的资格。它是法人成为民事主体必须具备的能力，是法人民事主体资格的标志。法人与自然人虽都是民事主体，都具有民事权利能力，但由于法人是社会组织，自然人是生命体，所以，二者的民事权利能力是有差异的。

2. 法人的民事行为能力

法人的民事行为能力是指法律赋予法人以自己的行为取得民事权利和承担民事义务的资格。

3. 法人的民事责任

法人或者其他组织的法定代表人、负责人及工作人员，在执行职务过程中致人损害的，依照规定，由该法人或者其他组织承担民事责任。

第二章 会计法与劳动法

第一节 会 计 法

一、会计法概述

(一) 会计与会计法的概念

1. 会计的概念

会计是以货币为主要计量单位,采用专门方法,对企业、事业等单位的经济活动进行完整、连续、系统的反映和监督,借以加强经济管理、提高经济效益的一种管理活动。会计的基本职能是对经济活动进行会计核算,实行会计监督。

2. 会计法的概念与我国会计立法概况

会计法是指调整会计机构、会计人员在办理会计事务过程中,以及国家在管理会计工作的过程中所产生的会计关系的法律规范的总称。会计法有广义和狭义之分。广义的会计法是指国家颁布的有关会计方面的法律、法规和规章的总称。

中华人民共和国成立后的会计立法起步于成立初期,主要以制定国家统一的会计制度为起点,逐步建立以规范会计工作秩序为主要内容的会计法规体系。《中华人民共和国会计法》(以下简称《会计法》)实施以来,在加强各单位的会计工作、维护国家财经纪律、改善企业经营管理和提高经济效益、加强经济领域的法制建设等方面都起到了重要作用。

(二) 会计工作管理体制

1. 会计工作的主管部门

(1) 财政部门主管会计工作

会计工作的主管部门,是指代表国家对会计工作行使管理职能的政府部门。《会计法》

规定："国务院财政部门主管全国的会计工作，县级以上地方各级人民政府财政部门管理本行政区域内的会计工作。"这一规定明确了我国会计工作的领导体制和管理体制。

我国国务院财政部门设立主管会计工作的专门机构——会计司，专门负责管理全国的会计工作。财政部管理全国会计工作的职责包括：研究拟订会计管理的法律法规草案，制定会计准则制度、内部控制、会计基础工作、会计信息化等方面的规章制度并组织贯彻实施，负责全国会计人员专业能力和职业道德、会计专业技术资格、会计人员继续教育管理工作，负责高级会计人才选拔及培养，指导和监督注册会计师协会、会计师事务所和注册会计师，指导会计理论研究等。

（2）实行统一领导、分级管理的管理体制

《会计法》在明确规定财政部门主管会计工作的同时，还规定了实行统一领导、分级管理的管理体制，由县级以上地方各级人民政府财政部门管理本行政区域的会计工作。

在国务院财政部门统一规划、统一领导的前提下，地方各级财政部门应根据上级财政部门的规划和要求，结合本地区的实际情况，管理本地区的会计工作。县级以上人民政府财政部门应依法开展《会计法》执法检查、会计人员专业能力和职业道德管理、继续教育管理、代理记账管理等。

（3）其他政府管理部门依据其职责对会计工作进行的监督管理

会计工作是一项社会经济管理活动，会计资料是一种社会性资源，各政府管理部门在履行管理职能时，都会涉及有关单位的会计事务和会计资料，有关法律赋予了政府有关管理部门监督检查相关会计事务、会计资料的职责。因此，《会计法》规定："财政、审计、税务、人民银行、证券监管、保险监管等部门应当依照有关法律、行政法规规定的职责，对有关单位的会计资料实施监督检查。"这一规定，体现了财政部门与其他政府管理部门在管理会计事务中的相互协作和配合的关系。

2. 会计制度的制定权限

国家实行统一的会计制度。国家统一的会计制度由国务院财政部门根据《会计法》制定并公布。国务院有关部门可以依照《会计法》和国家统一的会计制度，制定对会计核算和会计监督有特殊要求的行业实施国家统一的会计制度的具体办法或者补充规定，报国务院财政部门审核批准。中国人民解放军总后勤部可以依据《会计法》和国家统一的会计制度制定军队实施国家统一的会计制度的具体方法，报国务院财政部门备案。

所谓国家统一的会计制度是指由国务院财政部门根据《会计法》制定的关于会计核算、会计监督、会计机构和会计人员，以及会计工作管理的准则、制度、办法等。这些准则、制度、办法等都是在全国范围内实施的会计工作管理方面的规范性文件，主要包括三方面：一是国家统一的会计核算制度；二是国家统一的会计机构和会计人员管理制度；三是国家统一的会计工作管理制度。

3. 单位内部的会计工作管理

单位内部的会计工作管理的主要内容是对单位负责人的管理规定。单位负责人是指单位法定代表人或者法律、行政法规规定代表单位行使职权的主要负责人，主要包括两类人员：一是单位的法定代表人，即依法代表法人单位行使职权的负责人。如国有工业企业的厂长（经理）、公司的董事长、国家机关的最高行政官员等。二是依法代表非法人单位行使职权的负责人。如代表合伙企业执行合伙企业事务的合伙人、个人独资企业的投资人等。

《会计法》规定："单位负责人对本单位的会计工作和会计资料的真实性、完整性负责。"这一规定明确了单位负责人为本单位会计行为的责任主体，以加重单位负责人的责任，理顺单位负责人与会计机构、会计人员及其他有关人员的责任关系。单位负责人应当保证会计机构、会计人员依法履行职责，不得授意、指使、强令会计机构、会计人员违法办理会计事项。

《会计法》规定单位负责人为本单位会计行为责任主体的同时，还规定："会计机构、会计人员依照本法规定进行会计核算，实行会计监督。"单位负责人与会计人员之间对会计工作的责任划分，应是单位内部的委托授权关系，由单位负责人通过制定内部规章制度予以明确并监督落实。会计人员同样要遵守会计法规、制度和会计职业道德，否则也将同样承担相应的法律责任。

二、会计核算的法律规定

（一）会计核算的基本内容

1. 款项和有价证券的收付

款项即货币资金，包括现金、银行存款和其他货币资金，如外埠存款、银行汇票存款、银行本票存款、在途货币资金、信用证存款和各种押金、备用金等。有价证券是具有一定财产权利或者支配权利的票证，如股票、国库券、企业债券等。

2. 财物的收发、增减和使用

财物即财产物资，是一个单位用来进行经营管理活动的具有实物形态的经济资源，包括原材料、燃料、包装物、低值易耗品、在产品、自制半成品、产成品、商品等流动资产和机器、机械、设备、设施、运输工具、家具等固定资产。

3. 债权债务的发生和结算

债权是一个单位向债务人收取款项的权利，包括各种应收和预付的款项。债务则是一个单位需要以其货币资金等资产或者劳务向债权人清偿的义务，包括各项借款、应付和预收款项及应交款项等。

4. 资本、基金的增减

资本是企业单位的所有者对企业的净资产的所有权，亦称为所有者权益，具体包括实收资本、资本公积、盈余公积和未分配利润。基金，主要是指机关、事业单位某些特定用途的资金，如政府基金、社会保险基金、教育基金、事业发展基金、集体福利基金、后备基金等。

5. 收支与成本费用的计算

收入是指一个单位在销售商品、提供劳务及让渡资产使用权等经营活动中所形成的经济利益的流入。支出是指行政事业单位和社会团体在履行法定职能或发挥特定的功能时所发生的各项开支，以及企业在正常经营活动以外的开支或损失。费用是指企业等单位为生产经营管理而发生的各项耗费。成本是指企业为生产产品、购置商品和提供劳务而耗用在某特定对象上的支出。

6. 财务成果的计算和处理

财务成果主要是指企业和企业化管理的事业单位在一定的时期内通过生产经营活动而在财务上所取得的成果，具体表现为利润或亏损。财务成果的计算和处理，包括利润的计算、所得税的计缴和利润的分配（或亏损的弥补）等内容。

7. 其他会计事项

其他会计事项是指在上述六项会计核算内容中未能包括的、按有关的会计法律法规或会计制度的规定或根据单位的具体情况需要办理会计手续和进行会计核算的事项。

（二）会计核算的基本要求

1. 关于会计期间的基本要求

会计期间，也称会计分期，是指企业会计核算应当划分会计期间，即人为地把持续不断的企业经营活动过程划分为一个个首尾相接、时间相等的会计期间，以分期对企业经营活动实施反映和控制，以便确定每个会计期间的财务状况和经营成果，按期进行账目结算和编制会计报表。

《会计法》规定，我国会计年度自公历 1 月 1 日起至 12 月 31 日止。

在会计年度内还须按照季度与月份分期进行结账和编制财务报告。

2. 关于记账本位币的基本要求

记账本位币是指会计核算特别是登记会计账簿和编制会计报表用以计量的货币种类。《会计法》规定，会计核算以人民币为记账本位币。业务收支以人民币以外的货币为主的单位，可以选定其中一种货币作为记账本位币，但是编报的财务会计报告应当折算为人民币。

3. 关于会计记录文字的基本要求

会计记录的文字应当使用中文。在民族自治地方，会计记录可以同时使用当地通用的一种民族文字。在中华人民共和国境内的外商投资企业、外国企业和其他外国组织的会计记录可以同时使用一种外国文字。使用中文是强制性的，使用其他文字是备选性的。

4. 关于依法设置和使用会计账簿的基本要求

会计账簿是指以会计凭证为依据，由一定格式并相互联系的账页所组成，序时地、分类地记录核算一个单位经济业务的发生和完成情况的簿籍。设置会计账簿，是会计工作得以开展的基础。

各单位必须依法设置会计账簿，并保证其真实、完整。各单位发生的各项经济业务事项应当在依法设置的会计账簿上以经过审核的会计凭证为依据并按法定的记账规则统一登记、核算，不得违反《会计法》和国家统一的会计制度的规定私设会计账簿登记、核算。

5. 关于会计核算依据的基本要求

各单位必须根据实际发生的经济业务事项进行会计核算、填制会计凭证、登记会计账簿、编制财务会计报告以保证会计核算的真实性和客观性。任何单位不得以虚假的经济业务事项或者资料进行会计核算。

其具体要求是，会计核算必须根据实际发生的经济业务，取得可靠的会计凭证，并经过审核无误据以登记会计账簿、编制财务会计报告，形成符合质量标准的会计信息资料。

6. 关于会计资料的基本要求

会计资料，主要是指会计凭证、会计账簿、财务会计报告等会计核算专业资料，它是会计核算的基本成果，是投资者做出投资决策、经营者进行经营管理、国家进行宏观调控的重要依据。

会计凭证、会计账簿、财务会计报告和其他会计资料，必须符合国家统一的会计制度的规定。任何单位和个人不得伪造、变造会计凭证、会计账簿及其他会计资料，不得提供虚假的财务会计报告。以保证会计资料的真实性和完整性。

《会计法》对伪造、变造会计资料和提供虚假财务会计报告等弄虚作假行为，做出了禁止性规定。伪造会计资料，包括伪造会计凭证和会计账簿，是以虚假的经济业务为前提来进行会计核算。变造会计资料，是用涂改、挖补等手段来改变会计凭证和会计账簿的真实内容。伪造、变造会计资料，其结果是会造成会计资料失实、失真，误导会计资料的使用者，损害投资者、债权人、国家和社会公众的利益。

7. 关于会计档案管理的基本要求

会计档案是记录与反映经济业务事项的重要历史资料和证据，包括会计凭证、会计账簿、财务会计报告等会计核算专业资料。会计档案对于总结经济工作，指导生产经营管理和事业管理，查验经济财务问题，防止贪污舞弊，研究经济发展的方针、战略都具有重要作用。

各单位对会计凭证、会计账簿、财务会计报告和其他会计资料应当建立档案，妥善保管。会计档案的保管期限和销毁办法，由国务院财政部门会同有关部门制定。

各单位每年形成的会计档案，应由财务会计部门按照归档要求负责整理立卷或装订。当年形成的会计档案在会计制度终了后，可暂由本单位财务会计部门保管一年。保管期满之后，原则上应由财务会计部门编制清册，移交本单位的档案部门保管，不设立档案部门的，应当在财务会计部门内部指定专人保管。

对会计档案应当进行科学管理，做到妥善保管，存放有序，查划方便，不得随意堆放，严防毁损、散失和泄密。

保存的会计档案应当积极为本单位提供和利用。会计档案原件原则上不得借出，如有特殊需要，须经本单位负责人批准，在不拆散原卷册的前提下，可以提供查阅或复制，并应履行借出手续和限期归还。

会计档案保管期限分为永久和定期两类。永久，是指会计档案须永久保存；定期，是指会计档案应保存达到法定的时间。会计档案的定期保管期限分为3年、5年、10年、15年和25年五种。会计档案的保管期限是从会计年度终了后的第一天算起的。

会计档案保管期满需要销毁的，应当按照规定程序予以销毁。

8. 关于会计电算化的基本要求

第一，用电子计算机进行会计核算的单位，使用的会计软件必须符合国家统一的会计制度。财政部规定了会计软件的功能和技术标准，负责指导、监督全国会计核算软件的评审工作。具体评审工作由各省、自治区、直辖市的财政部门组织。

第二，用电子计算机生成的会计资料必须符合国家统一的会计制度。实行会计电算化的单位，用电子计算机生成的会计凭证、会计账簿、财务会计报告在格式、内容及会计资料的真实性、完整性等方面，都必须符合国家统一的会计制度。

三、会计监督的法律规定

（一）单位内部会计监督制度

1. 单位内部会计监督制度的基本内容和要求

第一，记账人员与经济业务事项和会计事项的审批人员、经办人员、财物保管人员的职责权限应当明确，并相互分离、相互制约。

第二，重大对外投资、资产处置、资金调度与其他重要经济业务事项的决策和执行的相互监督、相互制约程序应当明确。

第三，财产清查的范围、期限和组织程序应当明确。

财产清查是对各项财产物资、货币资金与结算款项进行盘点和核对，查明其实有数额，确定其账面结存数额和实际结存数额是否一致，以保证账实相符的一种会计专门方法。单位内部会计监督制度应当根据本单位的性质和业务范围，对本单位财产清查的范围、期限和组织程序做出明确规定。

第四，对会计资料定期进行内部审计的办法和程序应当明确。

内部审计是独立监督与评价本单位及所属单位经济活动和财务收支的真实、合法和效益的行为，目的是促进、加强经济管理和实现经济目标，同时也是保证国家财政法纪的严肃性和统一性的重要手段。

政府部门、国有企业事业单位及国有资产占控股地位或主导地位的企业应当依法建立健全内部审计制度，加强内部审计工作，其他经济组织可以根据需要建立内部审计制度。实行内部审计制度的部门、单位应该根据需要设置独立的审计机构，配置内部审计人员，并按有关规定制定明确的内部审计的办法和程序。

2. 会计机构和会计人员在单位内部会计监督中的职权

第一，会计机构、会计人员对违反《会计法》和国家统一的会计制度规定的会计事项，有权拒绝办理或者按照职权予以纠正。

第二，会计机构、会计人员发现会计账簿记录与实物、款项及有关资料不相符的，按照国家统一的会计制度的规定有权自行处理的，应当及时处理；无权处理的，应当立即向单位负责人报告，请求查明原因，做出处理。

（二）会计工作的政府监督制度

1. 财政部门实施会计监督的内容

（1）监督各单位是否依法设置会计账簿

会计账簿是进行会计核算的中心环节，财政部门依法对各单位设置会计账簿实施监督检查的内容包括：

第一，应当设置会计账簿的是否按规定设置会计账簿。

第二，是否存在账外账行为，是否存在伪造、变造会计账簿的行为。

第三，设置会计账簿是否存在其他违反法律、行政法规和国家统一的会计制度的行为。

（2）监督各单位的内容

第一，应当办理会计手续、进行会计核算的经济业务事项是否如实在会计资料上反映。

第二，填制的会计凭证、登记的会计账簿、编制的财务会计报告与实际发生的经济业务事项是否相符。

第三，财务会计报告的内容是否符合有关法律、行政法规和国家统一会计制度的规定，其他会计资料是否真实、完整。

（3）监督各单位的会计核算是否符合规定

第一，采用会计年度、使用记账本位币和会计记录文字是否符合法律、行政法规和国家统一的会计制度的规定。

第二，填制或者取得原始凭证、编制记账凭证、登记会计账簿是否符合法律、行政法规和国家统一会计制度的规定。

第三，财务会计报告的编制程序、报送对象和报送期限是否符合法律、行政法规和国家统一会计制度的规定。

第四，会计处理方法的采用和变更是否符合法律、行政法规和国家统一会计制度的规定。

第五，使用的会计软件及其生成的会计核算资料是否符合法律、行政法规和国家统一会计制度的规定。

第六，是否按照法律、行政法规和国家统一会计制度的规定建立并实施内部会计监督制度。

第七，会计核算是否有其他违法会计行为。

(4) 监督从事会计工作的人员是否具备专业能力、遵守职业道德

第一，从事会计工作的人员是否具备专业能力、遵守职业道德。

第二，会计机构负责人（会计主管人员）是否具备法律、行政法规和国家统一会计制度规定的任职资格。

2. 其他政府有关部门对各单位会计工作的监督

根据《会计法》的规定，除财政部门外，审计、税务、人民银行、证券监管、保险监管等部门也应当依照有关法律、行政法规规定的职责，对有关单位的会计资料实施监督检查。我国审计法、税收征收管理法、商业银行法、证券法等法律、法规也分别规定了各有关部门在各自法定职责范围内对有关单位的会计资料实施监督检查的内容、权限。

(三) 会计工作的社会监督

1. 注册会计师实施会计监督的规定

第一，注册会计师法定审计业务范围。

第二，注册会计师及会计师事务所依法承办的审计业务范围包括：审查企业财务会计报告，出具审计报告。

第三，验证企业资本，出具验资报告。

第四，办理企业合并、分立、清算事宜中的审计业务，出具有关报告。法律、行政法规规定的其他审计业务。

2. 委托注册会计师审计的单位应当如实提供会计资料

须经注册会计师进行审计的单位，应当向受委托的会计师事务所如实提供会计凭证、会计账簿、财务会计报告和其他会计资料及有关情况。

3. 不得干扰注册会计师独立开展审计业务

任何单位或者个人不得以任何方式要求或者示意注册会计师及其所在的会计师事务所出具不实或者不当的审计报告。

4. 财政部门对会计师事务所出具审计报告的再监督

财政部门的再监督，不是对会计师事务所出具的所有审计报告再进行一次普查，而只是对会计师事务所出具审计报告的程序和内容进行监督检查，是根据管理需求有重点地进行抽查，且不得干预注册会计师独立、公正地开展审计业务。

四、会计机构和会计人员的法律规定

（一）会计机构和会计人员的设置

各单位应当根据会计业务的需要，设置会计机构，或者在有关机构中设置会计人员并指定会计主管人员，不具备设置条件的，应当委托经批准设立从事会计代理记账业务的中介机构代理记账。国有的和国有资产占控股地位或者主导地位的大、中型企业必须设置总会计师。

（二）会计机构内部稽核制度与内部牵制制度

1. 会计机构内部稽核制度

会计机构内部稽核制度是会计机构自身对于会计核算工作进行的一种自我检查、自我审核的制度，其主要内容包括：

第一，稽核工作的组织形式和具体分工。

第二，稽核工作的职责、权限。

第三，审核会计凭证和复核会计账簿、会计报表的方法。

2. 会计机构内部牵制制度

会计机构内部牵制制度，也称钱账分管制度，是指实施不相容岗位分离，以起到相互制约、相互牵制作用的一种工作制度。

开展会计电算化和管理会计的单位，可以根据需要设置相应工作岗位，也可以与其他工作岗位相结合。会计工作岗位，可以一人一岗、一人多岗或者一岗多人。但凡是涉及款项和财物收付、结算及登记的任何一项工作，必须由两人或两人以上分工办理。《会计法》特别规定，出纳人员不得兼管稽核、会计档案保管和收入、支出、费用、债权债务账目的登记工作。

（三）会计人员的专业能力要求与继续教育

1. 会计人员专业能力要求

我国《会计法》规定，会计人员应当具备从事会计工作所需要的专业能力，担任单位会计机构负责人（会计主管人员）的，应当具备会计师以上专业技术职务资格或者从事会计工作三年以上经历。

2. 会计人员继续教育

（1）会计人员继续教育管理体制

按照《会计法》和财政部《会计专业技术人员继续教育规定》的有关规定，县级以上地方人民政府财政部门、人力资源社会保障部门共同负责本地区会计专业技术人员的继续教育工作。

（2）会计人员继续教育的内容与形式

会计人员继续教育的内容包括公需科目和专业科目。公需科目包括专业技术人员应当普遍掌握的法律法规、政策理论、职业道德、技术信息等基本知识。专业科目包括会计专业技术人员从事会计工作应当掌握的财务会计、管理会计、财务管理、内部控制与风险管理、会计信息化、会计职业道德、财税金融、会计法律法规等相关专业知识。

会计人员可以自愿选择参加继续教育的形式。会计人员继续教育的形式有：

第一，参加县级以上地方人民政府财政部门、人力资源社会保障部门等组织的会计专业技术人员继续教育培训、全国会计专业技术资格考试等。

第二，参加会计继续教育机构或用人单位组织的会计专业技术人员继续教育培训。

第三，参加国家教育行政主管部门承认的中专以上（含中专）会计类专业学历（学位）教育，承担会计类研究课题、发表会计类论文、公开出版会计类书籍，参加注册会计师、资产评估师、税务师等继续教育培训。

第四，继续教育管理部门认可的网络教育等其他形式。

（3）学分管理制度

会计专业技术人员参加继续教育实行学分制管理，每年参加继续教育取得的学分不少于90。其中，专业科目一般不少于总学分的2/3。学分管理的具体计分办法按《会计专业技术人员继续教育规定》执行。

具有会计专业技术资格的人员应当自取得会计专业技术资格的次年开始参加继续教育，并在规定时间内取得规定学分。不具有会计专业技术资格但从事会计工作的人员应当自从事会计工作的次年开始参加继续教育，并在规定时间内取得规定学分。

会计专业技术人员参加继续教育取得的学分，在全国范围内当年度有效，不得结转以后年度。

会计专业技术人员参加继续教育情况实行登记管理。用人单位应当对会计专业技术人员参加继续教育的种类、内容、时间和考试考核结果等情况进行记录，并在培训结束后及时按照要求将有关情况报送所在地县级以上地方人民政府财政部门进行登记。

(四) 会计人员的交接

1. 交接前的准备工作

第一，在办理移交手续前，必须将已经受理的经济业务的会计凭证填制完毕。

第二，将尚未登记的账目登记完毕，并在最后一笔余额后加盖印章。

第三，整理好应该移交的各项资料，对未了事项写出书面材料。

第四，编制移交的会计凭证、会计账簿、会计报表、公章、现金、支票簿、文件、资料和其他物品的内容。

2. 移交点收

第一，现金、有价证券要根据账簿余额进行点交。

第二，库存现金、有价证券必须与账簿余额一致；不一致时，移交人员要在规定期限内负责查清处理。

第三，会计凭证、账簿、报表和其他会计资料必须完整无缺，不得遗漏，如有短缺，要查清原因，并要在移交清册中加以注明，由移交人员负责。

第四，银行存款账户余额要与银行对账单核对相符。

第五，各种财产物资和债权债务的明细账户余额，要与总账有关账户的余额核对相符。

第六，移交人经管的公章和票据及其他物品，必须交接清楚。

移交人员从事会计电算化工作的，要对有关电子数据在实际操作状态下进行交接。

3. 严格履行交接手续

交接完毕后，交接双方和监交人要在移交清册上签名或盖章，并应在移交清册上注明：单位名称，交接日期，交接双方和监交人的职务、姓名，移交清册页数，以及需要说明的问题和意见等。

接办的会计人员应继续使用移交的账簿，不得自行另立新账，以保持会计记录的连续性。

会计机构负责人、会计主管人员交接时，还应将全部财务会计工作、重大的财务收支遗留问题和会计人员的情况等写成书面材料，向接替人员说明清楚。

4. 专人负责监交

第一，一般会计人员办理交接手续，由会计机构负责人（会计主管人员）监交。

第二，会计机构负责人（会计主管人员）办理交接手续，由单位负责人监交，必要时上级主管单位可以派人会同监交。

5. 交接后的责任界定

移交人员应对其经办会计工作期间内所发生的会计事项的处理及其编制的会计凭证、会计账簿、会计报表和其他会计资料的合法性、真实性、完整性承担法律责任。即便接替人员在交接时因疏忽没有发现所接收会计资料存在的问题，如事后发现，仍应由原移交人员负责。接替人员不对移交过来的会计资料的真实性、完整性负法律上的责任。

第二节　劳动法

一、劳动法律制度概述

（一）劳动法的概念和调整对象

1. 劳动法的概念

劳动法是指调整劳动关系及与劳动关系密切联系的其他社会关系的法律规范的总称。狭义的劳动法是指我国调整劳动关系的基本法《中华人民共和国劳动法》（以下简称《劳动法》）。

广义的劳动法还包括《中华人民共和国劳动合同法》（以下简称《劳动合同法》）《中华人民共和国社会保险法》《中华人民共和国劳动争议调解仲裁法》等调整劳动关系及与劳动关系密切联系的其他社会关系的法律规范。

2. 劳动法的调整对象

我国《劳动法》的调整对象是劳动关系及与劳动关系密切联系的其他社会关系。这种劳动关系主要是指劳动者与用人单位之间在实现劳动过程中发生的社会关系。

另外，《劳动法》还调整与劳动关系密切联系的其他社会关系，包括：国家进行劳动力管理方面的社会关系，社会保险方面的社会关系，工会组织与用人单位在执行《劳动法》《工会法》过程中发生的社会关系，处理劳动争议过程中发生的社会关系，国家管理机构在监督《劳动法》执行过程中发生的社会关系等。

(二) 劳动法的适用范围

1. 在中华人民共和国境内的用人单位和与之形成劳动关系的劳动者

企业、个体经济组织和与之形成劳动关系的劳动者不论企业所有制形式如何、隶属关系如何、是否签订了劳动合同，只要与劳动者确立了劳动关系，都受《劳动法》调整。

2. 国家机关、事业单位、社会团体和与之建立劳动合同关系的劳动者

国家机关、事业单位、社会团体实行劳动合同制度的及按规定应实行劳动合同制度的工勤人员，实行企业化管理的事业组织的人员，其他通过劳动合同与国家机关、事业单位、社会团体建立劳动关系的劳动者，适用《劳动法》。国家机关、事业单位、社会团体和劳动者之间以非合同形式形成的劳动关系不受《劳动法》调整。

3. 其他劳动关系

第一，民办非企业单位与其劳动者的劳动关系。

第二，劳务派遣、非全日制用工形式的部分类型的非标准劳动关系。

第三，用人单位不合格的劳动关系、劳动者不合格的劳动关系。

第四，退休人员重新受聘的劳动关系有条件地纳入《劳动法》的调整对象。达到退休年龄的劳动者若不享受基本养老保险待遇，退休人员重新就业的劳动关系由《劳动法》调整。否则，作为民事雇佣关系由民法调整。

第五，个人承包经营中的劳动关系有条件地纳入《劳动法》调整对象。在个人承包经营中，承包个人招用了劳动者，一旦违反《劳动合同法》的规定，视为劳动者与发包人建立了劳动关系，发包人要承担赔偿责任。

(三) 劳动法律关系

1. 劳动者的权利与义务

(1) 劳动者的权利

第一，平等就业和选择职业的权利。

第二，获得劳动报酬的权利。

第三，获得休息休假的权利。

第四，获得劳动安全卫生保护的权利。

第五，接受职业培训的权利。

第六，享受社会保险和福利的权利。

第七，提请劳动争议处理的权利。

第八，法律规定的其他劳动权利。

(2) 劳动者的义务

第一，按劳动合同或劳动协议完成劳动任务的义务。

第二，参加培训提高职业技能的义务。

第三，执行劳动安全卫生规程的义务。

第四，遵守劳动纪律和职业道德的义务。

2. 用人单位的权利与义务

(1) 用人单位的权利

第一，依法自主地录用职工的权利。

第二，依法进行单位劳动组织的权利。

第三，依法决定劳动报酬分配的权利。

第四，依法制定和实施劳动纪律，决定劳动奖惩的权利。

(2) 用人单位的义务

第一，及时、足额支付劳动报酬的义务。

第二，保护职工健康与安全的义务。

第三，帮助职工解决困难的义务。

第四，合理使用职工的义务。

第五，对职工进行职业技术培训的义务。

第六，执行劳动法律法规、劳动政策和劳动标准的义务。

第七，接受国家劳动计划的指导，服从国家劳动行政部门管理和监督的义务。

二、劳动基准制度

(一) 工作时间和休息休假

1. 工作时间

(1) 工作时间的概念

工作时间又称劳动时间，是指法律规定的劳动者在一昼夜和一周内从事劳动的时间。它包括每日工作的小时数，每周工作的天数和小时数。

(2) 我国的标准工作时间

每日不超过 8 小时，每周不超过 44 小时，用人单位应当保证劳动者每周至少休息 1 日。企业因生产特点不能实行标准工作制的，经劳动行政部门批准，可以实行其他工作和休息办法。

2. 休息休假

休息休假是指劳动者为行使休息权在国家规定的法定工作时间以外，不从事生产或工作而自行支配的时间。

(1) 休息时间的种类

第一，工作日内的间歇时间，是指在工作日内给予劳动者休息和用餐的时间。一般为 1~2 小时，最低不得少于半小时。

第二，工作日间的休息时间，是指两个邻近工作日之间的休息时间，一般不少于 16 小时。

第三，公休假日，又称周休息日，是劳动者一周（7 日）内享有的休息日。公休假日一般为每周 2 日，一般安排在周六和周日休息。企业和不能实行国家统一工作时间的事业组织，可根据实际情况灵活安排周休息日。《劳动法》规定："用人单位应当保证劳动者每周至少休息 1 日。"

(2) 休假的种类

第一，法定节假日，是指法律规定用于开展纪念、庆祝活动的休息时间。我国《劳动法》规定的法定节假日有：元旦、春节、清明节、劳动节、端午节、中秋节、国庆节等。

第二，探亲假，是指劳动者享有的保留工资、工作岗位而同分居两地的父母或配偶团聚的假期。职工探望配偶的，每年给予一方探亲假一次，假期为 30 天。

第三，年休假，是指职工工作满一定年限，每年可享有的带薪连续休息的时间。《劳动法》规定："国家实行带薪年休假制度。劳动者连续工作 1 年以上的，享受带薪年休假。具体办法由国务院规定。"

3. 加班加点

加班是指劳动者在法定节假日或公休假日从事生产或工作。加点是指劳动者在标准工作日以外延长工作的时间。加班加点又统称为延长工作时间。为保证劳动者休息权的实现，《劳动法》规定任何单位和个人不得擅自延长职工工作时间。

(1) 加班加点的限制规定

《劳动法》规定："用人单位由于生产经营需要，经与工会和劳动者协商后可以延长工作时间,一般每日不得超过 1 小时,因特殊原因需要延长工作时间的,在保障劳动者身体健康的条件下延长工作时间每日不得超过 3 小时,但是每月不得超过 36 小时。"

(2) 特殊情况下延长工作时间的规定

《劳动法》规定在下述特殊情况下,延长工作时间不受《劳动法》的限制:

第一,发生自然灾害、事故或者因其他原因,威胁劳动者生命健康和财产安全,或使人民的安全健康和国家财产遭到严重威胁,需要紧急处理的。

第二,生产设备、交通运输线路、公共设施发生故障,影响生产和公共利益,必须及时抢修的。

第三,在法定节假日和公休假日内工作不能间断,必须连续生产、运输或营业的。

第四,必须利用法定节假日或公休假日的停产期间进行设备检修、保养的。

第五,为完成国防紧急生产任务,或者完成上级在国家计划外安排的其他紧急生产任务,以及商业、供销企业在旺季完成收购、运输、加工农副产品紧急任务的。

第六,法律、行政法规规定的其他情形。

(3) 加班加点的工资标准

第一,安排劳动者延长工作时间的,支付不低于工资的 150% 的工资报酬。

第二,休息日安排劳动者工作又不能安排补休的,支付不低于工资的 200% 的工资报酬。

第三,法定节假日安排劳动者工作的,支付不低于工资的 300% 的工资报酬。

(4) 劳动保障行政部门的监督检查

《劳动法》规定,县级以上各级人民政府劳动保障行政部门对于本行政区域内的用人单位组织劳动者加班加点的工作依法监督检查,区别不同情况,予以行政处罚:

第一,用人单位未与工会或劳动者协商,强迫劳动者延长工作时间的,给予警告,责令改正,并可按每名劳动者延长工作时间每小时罚款 100 元以下的标准处罚。

第二,用人单位每日延长劳动者工作时间超过 3 小时或每月延长工作时间超过 36 小时的,给予警告,责令改正,并可按每名劳动者每超过工作时间 1 小时罚款 100 元以下的标准处罚。

(二) 工资

1. 工资的概念

工资是指用人单位依据国家有关规定和集体合同、劳动合同约定的标准,根据劳动者提供劳动的数量和质量,以货币形式支付给劳动者的劳动报酬。

2. 工资形式

工资形式是指计量劳动和支付劳动报酬的方式。企业可根据本单位的生产经营特点和经济效益，依法自主确定本单位的工资分配形式。我国的工资形式主要有：

（1）计时工资

计时工资是按单位时间工资标准和劳动者实际工作时间计付劳动报酬的工资形式。我国常见的有小时工资、日工资、月工资。

（2）计件工资

计件工资是按照劳动者生产合格产品的数目或作业量，以及预先规定的计件单价支付劳动报酬的一种工资形式。计件工资是计时工资的转化形式。

（3）奖金

奖金是给予劳动者的超额劳动报酬和增收节支的物质奖励。有月奖、季度奖和年度奖，经常性奖金和一次性奖金，综合奖和单项奖等。

（4）津贴

津贴是对劳动者在特殊条件下的额外劳动消耗或额外费用支出给予物质补偿的一种工资形式，主要有岗位津贴、保健性津贴、技术津贴等。

（5）补贴

补贴是为了保障劳动者的生活水平不受特殊因素的影响而支付给劳动者的工资形式。它与劳动者的劳动没有直接联系，其发放根据主要是国家有关政策规定，如物价补贴、边远地区生活补贴等。

（6）特殊情况下的工资

特殊情况下的工资是对非正常工作情况下的劳动者依法支付工资的一种工资形式。主要有加班加点工资，事假、病假、婚假、探亲假等工资，以及履行国家和社会义务期间的工资等。

3. 工资支付保障

工资支付保障是为保障劳动者劳动报酬权的实现，防止用人单位滥用工资分配权而制定的有关工资支付的一系列规则。工资支付应遵守如下规则：

第一，工资应以法定货币支付，不得以实物及有价证券代替货币支付。

第二，工资应在用人单位与劳动者约定的日期支付。工资一般按月支付，至少每月支付一次。实行周、日、小时工资制的，可按周、日、小时支付。

第三，劳动者依法享受年休假、探亲假、婚假、丧假期间，以及依法参加社会活动期间，用人单位应按劳动合同规定的标准支付工资。

第四，工资应付给劳动者本人，也可由劳动者家属或委托他人代领，用人单位可委托银行代发工资。

第五，工资应依法足额支付，除法定或约定允许扣除工资的情况外，严禁非法克扣或无故拖欠劳动者工资。

第六，用人单位依法破产时，劳动者有权获得其工资。在破产清偿顺序中，用人单位应按《中华人民共和国企业破产法》规定的清偿顺序，首先支付本单位劳动者的工资。

（三）劳动安全卫生制度与特殊劳动保护

1. 劳动安全卫生的概念

劳动安全卫生，是指国家为了改善劳动条件，保护劳动者在劳动过程中的安全与健康而制定的各种法律规范的总称。它包括劳动安全、劳动卫生两类法律规范，前者是为防止和消除劳动过程中的伤亡事故而制定的各种法律规范，后者是为保护劳动者在劳动过程中的健康，预防和消除职业病、职业中毒和其他职业危害而制定的各种法律规范。

2. 劳动安全卫生工作的方针与制度

劳动安全卫生工作的方针是"安全第一，预防为主"。安全第一是指在劳动过程中，始终把劳动者的安全放在第一位。预防为主是指采取有效措施消除事故隐患和防止职业病的发生。安全是目的，预防是手段，二者密不可分。

劳动安全卫生制度，是指为保障劳动者在劳动过程中的安全健康，国家、用人单位制定的劳动安全卫生管理制度，包括规定企业各级领导、职能科室人员、工程技术人员和生产工人在劳动过程中的安全生产责任的制度，为改善劳动条件、防止和消除伤亡事故及职业病而编制的预防和控制的安全技术措施计划制度，对劳动者进行劳动安全卫生法规、基本知识、操作技术教育的制度，劳动安全卫生检查制度，劳动安全卫生监督制度，伤亡事故和职业病统计报告处理制度等。

3. 女职工特殊劳动保护

女职工特殊劳动保护是指根据女职工的生理特点和抚育子女的需要，对其在劳动过程中的安全健康所采取的有别于男职工的特殊保护。对女职工特殊劳动保护的措施主要包括：

（1）女职工禁忌劳动范围

禁忌女职工从事下列繁重体力劳动的作业：

第一，矿山井下作业。

第二，森林业伐木、归楞及流放作业。

第三，《体力劳动强度分级》标准中第四级体力劳动强度的作业。

第四，建筑业脚手架的组装和拆除作业，以及电力、电信行业的高处架线作业。

第五，连续负重（指每小时负重次数在6次以上）且每次负重超过20公斤，或者间断负重、每次负重超过25公斤的作业。

第六，已婚待孕女职工禁忌从事铅、汞、苯、镉等作业场所属于《有毒作业分级》标准中第三、第四级的作业。

（2）女职工"四期"保护

①妇女经期保护

不得安排女职工在经期从事高处、高温、低温、冷水作业和国家规定的第三级体力劳动强度的劳动。

②怀孕期保护

不得安排女职工在怀孕期间从事国家规定的第三级体力劳动强度和孕期禁忌从事的劳动，对怀孕7个月以上的女职工，不得安排其延长工作时间和夜班劳动。

③生育期保护

女职工生育期享受不少于90天的产假。

④哺乳期保护

不得安排女职工在哺乳未满1周岁的婴儿期间从事国家规定的第三级体力劳动强度的劳动和哺乳期禁忌从事的其他劳动，不得安排其延长工作时间和夜班劳动。

4. 未成年工特殊劳动保护

未成年工是指年满16周岁未满18周岁的劳动者。对未成年工特殊劳动保护的措施主要包括：

第一，上岗前培训。未成年工上岗，用人单位应对其进行有关的职业安全卫生教育、培训。

第二，禁止安排未成年工从事有害健康的工作。用人单位不得安排未成年工从事矿山井下、有毒有害、国家规定的第四级体力劳动强度和其他禁忌从事的劳动。

第三，提供适合未成年工身体发育的生产工具等。

第四，定期进行健康检查。用人单位应按规定在下列时间对未成年工定期进行健康检查。

①安排工作岗位之前。

②工作满 1 年。

③年满 18 周岁，距前一次的体检时间已超过半年。

三、劳动者社会保险

（一）基本养老保险

基本养老保险是指依法由社会保险行政主管部门负责组织和管理，由用人单位和劳动者个人（以下简称"员工或个人"）共同承担养老保险费缴纳义务，员工退休后依法享受养老保险待遇的基本养老保险制度。基本养老保险以保障离退休人员的基本生活为原则，实行社会统筹和个人账户相结合。

1. 基本养老保险费的缴纳

职工应当参加基本养老保险，由用人单位和职工共同缴纳基本养老保险费。用人单位应当按照国家规定的本单位职工工资总额的比例缴纳基本养老保险费，计入基本养老保险统筹基金。职工应当按照国家规定的本人工资的比例缴纳基本养老保险费，计入个人账户。养老保险缴费比例一般为：用人单位20%，员工个人8%。

无雇工的个体工商户、未在用人单位参加基本养老保险的非全日制从业人员及其他灵活就业人员可以参加基本养老保险，由个人缴纳基本养老保险费。

公务员和参照《中华人民共和国公务员法》管理的工作人员的养老保险的办法由国务院规定。

2. 基本养老保险金的领取

第一，参加基本养老保险的个人，达到法定退休年龄时累计缴费满15年的，按月领取基本养老金。

第二，参加基本养老保险的个人，达到法定退休年龄时累计缴费不足15年的，可以缴费至满15年，按月领取基本养老金；也可以转入新型农村社会养老保险或者城镇居民社会养老保险，按照国务院规定享受相应的养老保险待遇。

第三，参加基本养老保险的个人，因病或者非因工死亡的，其遗属可以领取丧葬补助金和抚恤金，在未达到法定退休年龄时因病或者非因工致残完全丧失劳动能力的，可以领取病残津贴。所需资金从基本养老保险基金中支付。

第四，个人账户不得提前支取，记账利率不得低于银行定期存款利率，免征利息税。个人死亡的，个人账户余额可以继承。

（二）基本医疗保险

基本医疗保险是为了保障员工和退休人员患病时得到基本医疗，享受医疗保险待遇，根据国家有关规定，结合保险统筹地区实际情况而制定的保险制度。

1. 基本医疗保险费的缴纳

职工应当参加职工基本医疗保险，由用人单位和职工按照国家规定的本人工资的比例共同缴纳基本医疗保险费。基本医疗保险缴费比例一般为：用人单位6%，职工个人2%。职工个人缴纳的基本医疗保险费，全部计入个人账户；用人单位缴纳的基本医疗保险费分为两部分，一部分用于建立统筹基金，一部分划入个人账户。参加职工基本医疗保险的个人，达到法定退休年龄时累计缴费达到国家规定年限的，退休后不再缴纳基本医疗保险费，按照国家规定享受基本医疗保险待遇，未达到国家规定年限的，可以缴费至国家规定年限。

无雇工的个体工商户、未在用人单位参加职工基本医疗保险的非全日制从业人员及其他灵活就业人员可以参加职工基本医疗保险，由个人按照国家规定缴纳基本医疗保险费。

城镇居民基本医疗保险实行个人缴费和政府补贴相结合的制度。

享受最低生活保障的人、丧失劳动能力的残疾人、低收入家庭60周岁以上的老年人和未成年人等所需个人缴费部分，由政府给予补贴。

2. 基本医疗保险费的结算

参保人员医疗费用中应当由基本医疗保险基金支付的部分，由社会保险经办机构与医疗机构、药品经营单位直接结算。社会保险行政部门和卫生行政部门应当建立异地就医疗费用结算制度，方便参保人员享受基本医疗保险待遇。

3. 不纳入医保基金支付范围的费用

第一，应当从工伤保险基金中支付的。

第二，应当由第三人负担的。

第三，应当由公共卫生负担的。

第四，在境外就医的。

医疗费用依法应当由第三人负担，第三人不支付或者无法确定第三人的，由基本医疗保险基金先行支付。基本医疗保险基金先行支付后，有权向第三人追偿。

（三）工伤保险

工伤保险是为了保障因工作遭受事故伤害或者患职业病的员工获得医疗救治和经济补

偿，促进工伤预防和职业康复，分散用人单位的工伤风险而制定的保险制度。

1. 工伤保险费的缴纳

职工应当参加工伤保险，由用人单位缴纳工伤保险费，职工不缴纳工伤保险费。工伤保险费的征缴按照参保地社会保险费征缴相关规定执行。工伤保险缴费基数一般按员工养老保险缴费基数确定，实行浮动费率。

2. 工伤保险补偿

工伤保险实行无过失补偿原则，即在劳动过程中发生的职业伤害，无论用人单位有无过错，受害者均应得到必要的补偿。用人单位即使对工伤事故的发生没有过错，也应当对受害者承担补偿责任。

3. 工伤期间费用需用人单位支付的部分

第一，治疗工伤期间的工资福利。

第二，五级、六级伤残职工按月领取的伤残津贴。

第三，终止或者解除劳动合同时，应当享受的一次性伤残就业补助金。

4. 停止享受工伤保险待遇的情形

第一，丧失享受待遇条件的。

第二，拒不接受劳动能力鉴定的。

第三，拒绝治疗的。

5. 单位没有缴纳工伤保险的处理

职工所在用人单位未依法缴纳工伤保险费，发生工伤事故的，由用人单位支付工伤保险待遇。用人单位不支付的，从工伤保险基金中先行支付。

从工伤保险基金中先行支付的工伤保险待遇应当由用人单位偿还。用人单位不偿还的，社会保险经办机构可以依照《中华人民共和国社会保险法》的有关规定追偿。

(四) 失业保险

失业保险是为了保障失业人员失业期间的基本生活，促进其再就业而制定的保险制度。

1. 失业保险费的缴纳

职工应当参加失业保险，由用人单位和职工按照国家规定的本人工资的比例共同缴纳失业保险费。职工个人应缴纳的失业保险费，由用人单位代为扣缴。失业保险缴费比例一般为：用人单位 2%，员工个人 1%。

2. 失业保险金的领取

失业人员符合下列条件的，从失业保险基金中领取失业保险金：

第一，失业前用人单位和本人已经缴纳失业保险费满 1 年的。

第二，非因本人意愿中断就业的。

第三，已经进行失业登记，并有求职要求的。

3. 享受失业保险的期限

失业人员失业前用人单位和本人累计缴费满 1 年不足 5 年的，领取失业保险金的期限最长为 12 个月。

累计缴费满 5 年不足 10 年的，领取失业保险金的期限最长为 18 个月，累计缴费 10 年以上的，领取失业保险金的期限最长为 24 个月。

重新就业后，再次失业的，缴费时间重新计算，领取失业保险金的期限与前次失业应当领取而尚未领取的失业保险金的期限合并计算，最长不超过 24 个月。

4. 停止失业保险待遇的情形

第一，重新就业的。

第二，应征服兵役的。

第三，移居境外的。

第四，享受基本养老保险待遇的。

第五，无正当理由，拒不接受当地人民政府指定部门或者机构介绍的适当工作或者提供的培训的。

（五）生育保险

生育保险是为保障企业员工生育期间得到必要的经济补偿和医疗保障，根据有关法律、法规，结合保险统筹地区实际情况而制定的保险制度。

1. 生育保险费的缴纳

生育保险费由用人单位按国家规定标准缴纳，员工个人不缴纳生育保险费。生育保险的缴费比例按参保地社会保险征缴机构制定的标准执行。

2. 生育保险待遇

生育保险待遇包括生育医疗费用和生育津贴。生育医疗费用包括下列各项：

第一，生育的医疗费用。

第二，计划生育的医疗费用。

第三，法律、法规规定的其他项目费用。

职工有下列情形之一的，可以按照国家规定享受生育津贴：

第一，女职工生育享受产假。

第二，享受计划生育手术休假。

第三，法律、法规规定的其他情形。

生育津贴按照职工所在用人单位上年度职工月平均工资计发。

四、劳动合同法

（一）劳动合同的概念与类型

1. 劳动合同的概念

劳动合同是劳动者和用人单位之间依法确立劳动关系，明确双方权利和义务的书面协议。劳动合同的主要特征是：劳动合同一方是劳动者，另一方是用人单位，劳动合同具有较强的法定性，强制性规范较多。

2. 劳动合同的类型

劳动合同可分为固定期限的劳动合同、无固定期限的劳动合同和以完成一定工作任务为期限的劳动合同等类型。

第一，固定期限的劳动合同，是指用人单位与劳动者约定合同终止时间的劳动合同。用人单位与劳动者协商一致，可以订立固定期限的劳动合同。

第二，无固定期限的劳动合同，是指用人单位与劳动者约定无确定终止时间的劳动合同，用人单位与劳动者协商一致，可以订立无固定期限的劳动合同。有下列情形之一，劳动者提出或者同意续订、订立劳动合同的，除劳动者提出订立固定期限的劳动合同外，应当订立无固定期限的劳动合同：

①劳动者在该用人单位连续工作满10年的。

②用人单位初次实行劳动合同制度或者国有企业改制重新订立劳动合同时，劳动者已在该用人单位连续工作满10年且距法定退休年龄不足10年的。

③连续订立两次固定期限的劳动合同，且劳动者没有《劳动合同法》规定的用人单位可以解除劳动合同情形，续订劳动合同的。

用人单位违反《劳动合同法》的规定不与劳动者订立无固定期限的劳动合同的，自应当订立无固定期限的劳动合同之日起向劳动者每月支付 2 倍的工资。

第三，以完成一定工作任务为期限的劳动合同，是指用人单位与劳动者约定以某项工作的完成为合同期限的劳动合同。用人单位与劳动者协商一致，可以订立以完成一定工作任务为期限的劳动合同。

（二）劳动合同的订立

1. 劳动合同的主体

劳动者年满 16 周岁，有劳动权利能力和行为能力，用人单位有用人权利能力和行为能力。作为例外，只有文艺、体育、特种工艺单位可以招用未满 16 周岁的未成年人，但必须依照国家有关规定，履行审批手续，并保障其接受义务教育的权利。

2. 劳动合同的内容

所有的劳动合同内容必须合法，劳动合同内容必须具备《劳动合同法》规定的必备条款，其他可由当事人协商是否写入劳动合同的条款称为协商条款。

（1）必备条款

第一，用人单位的名称、住所和法定代表人或者主要负责人。

第二，劳动者的姓名、住址和居民身份证或者其他有效身份证件号码。

第三，劳动合同期限。

第四，工作内容和工作地点。

第五，工作时间和休息休假。

第六，劳动报酬。

第七，社会保险。

第八，劳动保护、劳动条件和职业危害防护。

（2）协商条款

①试用期条款

劳动合同的试用期是劳动者和用人单位为相互了解、选择而约定的考察期。

第一，劳动合同期限 3 个月以上不满 1 年的，试用期不得超过 1 个月；劳动合同期限 1 年以上不满 3 年的，试用期不得超过 2 个月；3 年以上固定期限和无固定期限的劳动合同，试用期不得超过 6 个月。同一用人单位与同一劳动者只能约定一次试用期。以完成一定工作任务为期限的劳动合同或者劳动合同期限不满 3 个月的，不得约定试用期。试用期包含在劳动合同期限内。劳动合同仅约定试用期的，试用期不成立，该期限为劳动合同期限。

第二，劳动者在试用期的工资不得低于本单位相同岗位最低档工资或者劳动合同约定工资的80%，并不得低于用人单位所在地的最低工资标准。

第三，在试用期间，除劳动者有《劳动合同法》规定的用人单位可以解除劳动合同的情形外，用人单位不得解除劳动合同。用人单位在试用期解除劳动合同的，应当向劳动者说明理由。

②违约金条款

用人单位只能在以下两种情形中与劳动者约定由劳动者承担违约金。

第一，有服务期条款的，用人单位为劳动者提供专项培训费用，对其进行专业技术培训的，可以与该劳动者订立协议，约定服务期。劳动者违反服务期约定的，应当按照约定向用人单位支付违约金。违约金的数额不得超过用人单位提供的培训费用。用人单位要求劳动者支付的违约金不得超过服务期尚未履行部分所应分摊的培训费用。

第二，有保守用人单位商业秘密条款的，对负有保密义务的劳动者，用人单位可以在劳动合同或者保密协议中与劳动者约定竞业限制条款，并约定在解除或者终止劳动合同后，在竞业限制期限内按月给予劳动者经济补偿。劳动者违反竞业限制约定的，应当按照约定向用人单位支付违约金。竞业限制的人员限于用人单位的高级管理人员、高级技术人员和其他负有保密义务的人员，竞业限制的范围、地域、期限由用人单位与劳动者约定，竞业限制的约定不得违反法律、法规的规定。在解除或者终止劳动合同后，这些人员到与本单位生产或者经营同类产品、从事同类业务的有竞争关系的其他用人单位，或者自己开业生产或者经营同类产品、从事同类业务的竞业限制期限，不得超过2年。

（3）禁止条款

《劳动合同法》规定，用人单位招用劳动者，不得扣押劳动者的居民身份证和其他证件，不得要求劳动者提供担保或者以其他名义向劳动者收取财物。

3. 劳动合同订立的程序和形式

订立的程序必须是平等自愿、协商一致的过程。建立劳动关系，应当订立书面劳动合同。用人单位自用工之日起即与劳动者建立劳动关系。

第一，已建立劳动关系，未同时订立书面劳动合同的，应当自用工之日起1个月内订立书面劳动合同，用人单位与劳动者在用工前订立劳动合同的，劳动关系自用工之日起建立。

第二，用人单位自用工之日起超过1个月不满1年未与劳动者订立书面劳动合同的，应当向劳动者每月支付2倍的工资。

第三，用人单位自用工之日起满1年不与劳动者订立书面劳动合同的，视为用人单位与劳动者已订立无固定期限的劳动合同。

4. 先合同义务与后合同义务

（1）先合同义务

用人单位招用劳动者时，应当如实告知劳动者工作内容、工作条件、工作地点、职业危害、安全生产状况、劳动报酬，以及劳动者要求了解的其他情况。用人单位有权了解劳动者与劳动合同直接相关的基本情况，劳动者应当如实说明。

（2）后合同义务

用人单位应当在解除或者终止劳动合同时出具解除或者终止劳动合同的证明，并在15日内为劳动者办理档案和社会保险关系转移手续。劳动者应当按照双方约定，办理工作交接。用人单位依法应当向劳动者支付经济补偿的，在办理工作交接时支付。用人单位对已经解除或者终止的劳动合同的文本，至少保存2年备查。

用人单位违反法律规定未向劳动者出具解除或者终止劳动合同的书面证明，由劳动行政部门责令改正，给劳动者造成损害的，应当承担赔偿责任。

（三）劳动合同的效力

1. 劳动合同依法订立即具有法律约束力

劳动合同由用人单位与劳动者协商一致，并经用人单位与劳动者在劳动合同文本上签字或者盖章生效。劳动合同文本由用人单位和劳动者各执一份。

2. 劳动合同无效或部分无效的情形

第一，以欺诈、胁迫的手段或者乘人之危，使对方在违背真实意思的情况下订立或者变更劳动合同的。

第二，用人单位免除自己的法定责任、排除劳动者权利的。

第三，违反法律、行政法规强制性规定的。

劳动合同部分无效，不影响其他部分效力的，其他部分仍然有效。

3. 对劳动合同的无效或者部分无效有争议的

由劳动争议仲裁机构或者人民法院确认。进行了劳动仲裁未进入诉讼程序的由劳动争议仲裁机构确认，进入诉讼程序的由人民法院确认。

（四）劳动合同的履行和变更

用人单位与劳动者应当按照劳动合同的约定，全面履行各自的义务。用人单位应当按照劳动合同约定和国家规定,向劳动者及时足额支付劳动报酬,用人单位拖欠或者未足额支付劳动报酬的,劳动者可以依法向当地人民法院申请支付令。人民法院应当依法发出支付令,用人单位应当严格执行劳动定额标准,不得强迫或者变相强迫劳动者加班。用人单位安排加班的,应当按照国家有关规定向劳动者支付加班费。劳动者拒绝用人单位管理人员违章指挥、强令冒险作业的,不视为违反劳动合同。劳动者对危害生命安全和身体健康的劳动条件,有权对用人单位提出批评、检举和控告。

用人单位变更名称、法定代表人、主要负责人或者投资人等事项,不影响劳动合同的履行,用人单位发生合并或者分立等情况,原劳动合同继续有效,劳动合同由承继其权利和义务的用人单位继续履行。

用人单位与劳动者协商一致,可以变更劳动合同约定的内容。变更劳动合同,应当采用书面形式。变更后的劳动合同文本由用人单位和劳动者各执一份。

(五)劳动合同的解除和终止

1. **双方协商解除劳动合同**

劳动合同双方当事人协商一致,可以解除劳动合同。

2. **劳动者解除劳动合同**

劳动者解除劳动合同可分为以下三种情形:

(1)单方预告解除

劳动者提前 30 日以书面形式通知用人单位,无须说明任何法定事由,即可单方解除劳动合同。超过 30 日,劳动者向用人单位提出办理解除劳动合同手续的,用人单位应予办理。此外,劳动者在试用期内提前 3 日通知用人单位的,也可以解除劳动合同。

(2)即时解除

有下列情形之一的,劳动者无须预告可以随时通知用人单位解除劳动合同。

第一,未按照劳动合同约定提供劳动保护或者劳动条件的。

第二,未及时足额支付劳动报酬的。

第三,未依法为劳动者缴纳社会保险费的。

第四,用人单位的规章制度违反法律、法规的规定,损害劳动者权益的。

第五,因用人单位以欺诈、胁迫的手段或者乘人之危,使劳动者在违背真实意思的情况下订立或者变更劳动合同致使劳动合同无效的。

第六,法律、行政法规规定劳动者可以解除劳动合同的其他情形。

（3）无须告知的解除

第一，用人单位以暴力、威胁或者非法限制人身自由的手段强迫劳动者劳动的。

第二，用人单位违章指挥、强令冒险作业危及劳动者人身安全的。

3. 用人单位解除劳动合同

用人单位单方解除分为即时解除、预告解除及经济性裁员。此外，《劳动合同法》还规定了对用人单位单方解除劳动合同的限制。

（1）用人单位单方即时解除（过错性解除）

劳动者有下列情形之一的，用人单位可随时解除合同：

第一，在试用期间被证明不符合录用条件的。

第二，严重违反用人单位的规章制度的。

第三，严重失职，营私舞弊，给用人单位造成重大损害的。

第四，同时与其他用人单位建立劳动关系，对完成本单位的工作任务造成严重影响，或者经用人单位提出，拒不改正的。

第五，因劳动者一方以欺诈、胁迫的手段或者乘人之危，使用人单位在违背真实意思的情况下订立或者变更劳动合同致使劳动合同无效的。

第六，被依法追究刑事责任的。

（2）用人单位须预告的解除

有下列情形之一的，用人单位应当提前30日以书面形式通知劳动者本人或者额外支付劳动者1个月工资后方可解除劳动合同：

第一，劳动者患病或者非因工负伤，在规定的医疗期满后不能从事原工作，也不能从事由用人单位另行安排的工作的。

第二，劳动者不能胜任工作，经过培训或者调整工作岗位，仍不能胜任工作的。

第三，劳动合同订立时所依据的客观情况发生重大变化，致使劳动合同无法履行，经用人单位与劳动者协商，未能就变更劳动合同内容达成协议的。

（3）经济性裁员

有下列情形之一，需要裁减人员20人以上或者裁减不足20人但占企业职工总数10%以上的，用人单位提前30日向工会或者全体职工说明情况，听取工会或者职工的意见后，裁减人员方案经向劳动行政部门报告，可以裁减人员：

第一，依照《中华人民共和国企业破产法》规定进行重整的。

第二，生产经营发生严重困难的。

第三，企业转产、重大技术革新或经营方式调整，经变更劳动合同后，仍须裁减人员的。

第四，其他因劳动合同订立时所依据的客观经济情况发生重大变化，致使劳动合同无法履行的。

用人单位依照上述规定裁减人员，在6个月内重新招用人员的，应当通知被裁减的人员，并在同等条件下优先招用被裁减的人员。

裁减人员时，应当优先留用下列人员：

第一，与本单位订立较长期限的固定期限劳动合同的。

第二，与本单位订立无固定期限劳动合同的。

第三，家庭无其他就业人员，有需要扶养的老人或者未成年人的。

（4）用人单位单方解除劳动合同的限制

有下列情形之一的，用人单位不得依据《劳动合同法》有关预告解除和经济性裁员的规定解除劳动合同：

第一，从事接触职业病危害作业的劳动者未进行离岗前职业健康检查，或者疑似职业病病人在诊断或者医学观察期间的。

第二，在本单位患职业病或者因工负伤并被确认丧失或者部分丧失劳动能力的。

第三，患病或者非因工负伤，在规定的医疗期内的。

第四，女职工在孕期、产期、哺乳期的。

第五，在本单位连续工作满15年，且距法定退休年龄不足5年的。

第六，用人单位单方解除劳动合同，应当事先将理由通知工会。用人单位违反法律、行政法规规定或者劳动合同约定的，工会有权要求用人单位纠正，用人单位应当研究工会的意见，并将处理结果书面通知工会。

4. 劳动合同的终止

有下列情形之一的，劳动合同终止：

第一，劳动合同期满的。

第二，劳动者开始依法享受基本养老保险待遇的。

第三，劳动者死亡，或者被人民法院宣告死亡或者宣告失踪的。

第四，用人单位被依法宣告破产的。

第五，用人单位被吊销营业执照、责令关闭、撤销或者用人单位决定提前解散的。

第六，法律、行政法规规定的其他情形。

5. 劳动合同解除和终止的经济补偿

(1) 补偿的法定情形

有下列情形之一的，用人单位应当向劳动者支付经济补偿：

第一，劳动者依法即时解除劳动合同的。

第二，用人单位向劳动者提出解除劳动合同并与劳动者协商一致解除劳动合同的。

第三，用人单位依法预告解除劳动合同的。

第四，用人单位依法进行经济性裁员解除劳动合同的。

第五，除用人单位维持或者提高劳动合同约定条件续订劳动合同，劳动者不同意续订的情形外，劳动合同期满依法终止固定期限劳动合同的。

第六，用人单位被依法宣告破产和用人单位被吊销营业执照、责令关闭、撤销或者用人单位决定提前解散时终止劳动合同的。

第七，法律、行政法规规定的其他情形。

(2) 补偿的法定标准

第一，经济补偿按劳动者在本单位工作的年限，每满1年支付1个月工资的标准向劳动者支付。6个月以上不满1年的，按1年计算；不满6个月的，向劳动者支付半个月工资的经济补偿。

第二，劳动者月工资高于用人单位所在直辖市、设区的市级人民政府公布的本地区上年度职工月平均工资3倍的，向其支付经济补偿的标准按职工月平均工资3倍的数额支付，向其支付经济补偿的年限最高不超过12年。

上述所称月工资是指劳动者在劳动合同解除或者终止前12个月的平均工资。

6. 违法解除或终止劳动合同的责任

第一，用人单位违反《劳动合同法》的规定解除或者终止劳动合同，劳动者要求继续履行劳动合同的，用人单位应当继续履行，劳动者不要求继续履行劳动合同或者劳动合同已经不能继续履行的，用人单位应当依照前述经济补偿标准的2倍向劳动者支付赔偿金。

第二，劳动者违反《劳动合同法》的规定解除劳动合同，或者违反劳动合同中约定的保密义务或者竞业限制，给用人单位造成损失的，应当承担赔偿责任，范围包括：

①用人单位招录其所支付的费用。

②用人单位为其支付的培训费用，双方另有约定的按约定办理。

③对生产、经营和工作造成的直接经济损失。

④劳动合同约定的其他赔偿费用。

第三，用人单位招用与其他用人单位尚未解除或者终止劳动合同的劳动者，给其他用人单位造成损失的，除该劳动者承担直接赔偿责任外，该用人单位应当承担连带赔偿责任。其连带赔偿的份额应不低于对原用人单位造成经济损失总额的70%。

（六）集体合同

企业职工一方与企业可以就劳动报酬、工作时间、休息休假、劳动安全卫生、保险福利等事项，签订集体合同。集体合同草案应当提交职工代表大会或者全体职工讨论通过。集体合同由工会代表企业职工一方与用人单位订立，尚未建立工会的用人单位，由上级工会指导劳动者推举的代表与用人单位订立。

企业职工一方与用人单位可以订立劳动安全卫生、女职工权益保护、工资调整机制等专项集体合同。

集体合同签订后应当报送劳动行政部门，劳动行政部门自收到集体合同文本之日起15日内未提出异议的，集体合同即行生效。依法签订的集体合同对用人单位和劳动者具有约束力。劳动者个人与用人单位订立的劳动合同中劳动条件和劳动报酬等的标准不得低于集体合同中的规定。

（七）劳务派遣

所谓劳务派遣，是指劳务派遣单位与被派遣劳动者订立劳动合同后，将该劳动者派遣到用工单位从事劳动的一种特殊的用工形式。劳务派遣单位与用工单位的关系是劳务关系，劳动者与劳务派遣单位的关系是劳动关系，与用工单位的关系是有偿使用关系。

劳动合同用工是我国企业的基本用工形式，劳务派遣用工是补充形式，只能在临时性、辅助性或者替代性的工作岗位上实施。所谓临时性工作岗位，是指存续时间不超过6个月的岗位。辅助性工作岗位，是指为主营业务岗位提供服务的非主营业务岗位。替代性工作岗位，是指用工单位的劳动者因脱产学习、休假等原因无法工作的期间内，可以由其他劳动者替代工作的岗位。用工单位应当严格控制劳务派遣用工数量，不得超过其用工总量的一定比例，具体比例由国务院劳动行政部门规定。

1. 劳务派遣单位

劳务派遣单位应当依照《中华人民共和国公司法》的有关规定设立，并应当向劳动行政部门依法申请行政许可。劳务派遣单位注册资本不得少于人民币200万元，有与开展业务相适应的固定的经营场所和设施，有符合法律、行政法规规定的劳务派遣管理制度，并符合法律、行政法规规定的其他条件。

劳务派遣单位是用人单位，应当履行用人单位对劳动者的义务。劳务派遣单位与被派遣劳动者订立的劳动合同，除一般劳动合同应当载明的内容外，还应当载明被派遣劳动者的用工单位及派遣期限、工作岗位等情况，劳动合同的类型应当为2年以上的固定期限劳动合同，劳务派遣单位应当按月支付劳动报酬，被派遣劳动者在无工作期间，劳务派遣单位应当按照所在地人民政府规定的最低工资标准，向其按月支付报酬。

劳务派遣单位派遣劳动者应当与用工单位订立劳务派遣协议。劳务派遣协议应当约定派遣岗位和人员数量、派遣期限、劳动报酬和社会保险费的数额与支付方式及违反协议的责任。劳务派遣单位应当将劳务派遣协议的内容告知被派遣劳动者。劳务派遣单位不得克扣用工单位按照劳务派遣协议支付给被派遣劳动者的劳动报酬。劳务派遣单位和用工单位不得向被派遣劳动者收取费用。劳务派遣单位跨地区派遣劳动者的，被派遣劳动者享有的劳动报酬和劳动条件，按照用工单位所在地的标准执行。

劳务派遣单位违反《劳动合同法》的规定，给被派遣劳动者造成损害的，劳务派遣单位与用工单位承担连带赔偿责任。

2. 用工单位

用工单位应当履行下列义务：

第一，执行国家劳动标准，提供相应的劳动条件和劳动保护。

第二，告知被派遣劳动者的工作要求和劳动报酬。

第三，支付加班费、绩效奖金，提供与工作岗位相关的福利待遇。

第四，对在岗被派遣劳动者进行工作岗位所必需的培训。

第五，连续用工的，实行正常的工资调整机制。

用工单位应当根据工作岗位的实际需要与劳务派遣单位确定派遣期限，不得将连续用工期限分割订立数个短期劳务派遣协议。用工单位不得将被派遣劳动者再派遣到其他用人单位。

被派遣劳动者有用人单位可依法解除劳动合同情形的，用工单位可以将劳动者退回劳务派遣单位，劳务派遣单位依照《劳动合同法》的有关规定，可以与劳动者解除劳动合同。

3. 被派遣劳动者

被派遣劳动者享有与用工单位的劳动者同工同酬的权利。用工单位应当对被派遣劳动者与本单位同类岗位的劳动者实行相同的劳动报酬分配办法。用工单位无同类岗位劳动者的，参照用工单位所在地相同或者相近岗位劳动者的劳动报酬确定。

被派遣劳动者有权在劳务派遣单位或者用工单位依法参加或者组织工会，维护自身的合法权益。被派遣劳动者可以依照《劳动合同法》的相关规定与劳务派遣单位解除劳动合同。

(八) 非全日制用工

非全日制用工，是指以小时计酬为主，一般情况下，劳动者在同一用人单位平均每日工作时间不超过 4 小时，每周工作时间累计不超过 24 小时的用工形式。我国《劳动法》对非全日制用工主要有如下规定：

第一，非全日制用工双方当事人可以订立口头协议。从事非全日制用工的劳动者可以与一个或者一个以上用人单位订立劳动合同，但是，后订立的劳动合同不得影响先订立的劳动合同的履行。

第二，非全日制用工双方当事人不得约定试用期。

第三，非全日制用工双方当事人任何一方都可以随时通知对方终止用工。终止用工的，用人单位不向劳动者支付经济补偿。

第四，非全日制用工小时计酬标准不得低于用人单位所在地人民政府规定的最低小时工资标准。非全日制用工劳动报酬结算支付周期最长不得超过 15 日。

五、劳动争议的处理

(一) 劳动争议的概念和范围

1. 劳动争议的概念

劳动争议又称劳动纠纷，是指劳动关系双方当事人因执行劳动法律、法规或履行劳动合同、集体合同发生的纠纷。劳动争议发生在劳动者与用人单位之间，不要求已经订立劳动合同，只要存在事实劳动关系即可。

2. 劳动争议调解仲裁的范围

第一，因确认劳动关系发生的争议。

第二，因订立、履行、变更、解除和终止劳动合同发生的争议。

第三，因除名、辞退和辞职、离职发生的争议。

第四，因工作时间、休息休假、社会保险、福利、培训及劳动保护发生的争议。

第五，因劳动报酬、工伤医疗费、经济补偿或者赔偿金等发生的争议。

第六，法律、法规规定的其他劳动争议。

国家机关与聘任制公务员之间、事业单位与工作人员之间、社团组织与工作人员之间因解除人事关系、履行聘用合同发生的争议，不属于劳动争议调解仲裁的范围。

（二）劳动争议的处理机构

1. 劳动争议调解机构

劳动争议调解委员会是依法成立调解本单位发生的劳动争议的群众性组织。《劳动法》规定：在用人单位内，可以设立劳动争议调解委员会。劳动争议调解委员会由职工代表、用人单位代表和工会代表组成。

2. 劳动争议仲裁机构

劳动争议仲裁委员会是国家授权、依法独立地对劳动争议案件进行仲裁的专门机构。我国在县、市、市辖区设立劳动争议仲裁委员会，负责仲裁本行政区域内发生的劳动争议。劳动争议仲裁委员会由劳动保障行政部门的代表、工会代表和企业代表组成，其办事机构设在劳动保障行政机关的劳动争议处理机构内。

3. 人民法院

各级人民法院的民事审判庭审理劳动争议案，其受案范围是对劳动争议仲裁委员会的裁决不服且在法定期限内起诉到人民法院的劳动争议案件，人民法院不直接受理劳动争议案件。

（三）劳动争议的解决方式及处理程序

《劳动法》规定："用人单位与劳动者发生劳动争议，当事人可以依法申请调解、仲裁、提起诉讼，也可以协商解决。"根据这一项规定，我国处理劳动争议分为协商、调解、仲裁和诉讼四种方式。

1. 协商

协商不是处理劳动争议的必经程序，当事人不愿协商或协商不成的，可以申请调解或仲裁。

2. 调解

发生劳动争议，当事人可以到下列调解组织申请调解：

第一，企业劳动争议调解委员会。

第二，依法设立的基层人民调解组织。

第三，在乡镇、街道设立的具有劳动争议调解职能的组织。

调解委员会依据合法、自愿的原则调解，并应在 15 日内结束，到期未结束的，视为调解不成。经调解达成协议的，制作调解书。调解书无必须履行的法律效力，靠双方当事人自觉履行。当事人不愿调解的，可直接向仲裁委员会申请仲裁。调解不是劳动争议解决的必经程序。

因支付拖欠劳动报酬、工伤医疗费、经济补偿或者赔偿金事项达成调解协议，用人单位在协议约定期限内不履行的，劳动者可以持调解协议书依法向人民法院申请支付令。人民法院应当依法发出支付令。

3. 仲裁

（1）仲裁的申请

仲裁是处理劳动争议的必经前置程序，未经仲裁的劳动争议不得向人民法院提起诉讼。提出仲裁要求的一方应在自劳动争议发生之日（当事人知道或应知权利被侵害之日）起 1 年内向劳动争议仲裁委员会提出书面申请，并应符合有关诉讼时效的规定。劳动争议仲裁不收费，劳动争议仲裁委员会的经费由财政予以保障。

（2）仲裁裁决

第一，仲裁庭在做出裁决前，应当先行调解。调解达成协议的，仲裁庭应当制作调解书。调解书经双方当事人签收后，发生法律效力。调解不成或者调解书送达前，一方当事人反悔的，仲裁庭应当及时做出裁决。

第二，仲裁庭裁决劳动争议案件，应当自劳动争议仲裁委员会受理仲裁申请之日起 45 日内结束。案情复杂需要延期的，经劳动争议仲裁委员会主任批准，可以延期并书面通知当事人，但是延长期限不得超过 15 日。逾期未做出仲裁裁决的，当事人可以就该劳动争议事项向人民法院提起诉讼。当事人对仲裁裁决不服的，可以自收到仲裁裁决书之日起 15 日内向人民法院提起诉讼，期满不起诉的，裁决书发生法律效力。

第三，下列劳动争议，仲裁裁决为终局裁决，裁决书自做出之日起发生法律效力：

①追索劳动报酬、工伤医疗费、经济补偿或者赔偿金，不超过当地月最低工资标准 12 个月金额的争议。

②因执行国家的劳动标准在工作时间、休息休假、社会保险等方面发生的争议。

劳动者对上述劳动争议的仲裁裁决不服的，可以自收到仲裁裁决书之日起 15 日内向人民法院提起诉讼。

（3）裁决的撤销

用人单位有证据证明上述劳动争议的仲裁裁决有下列情形之一，可以自收到仲裁裁决书之日起 30 日内向劳动争议仲裁委员会所在地的中级人民法院申请撤销裁决：

第一，适用法律、法规确有错误的。

第二，劳动争议仲裁委员会无管辖权的。

第三，违反法定程序的。

第四，裁决所根据的证据是伪造的。

第五，对方当事人隐瞒了足以影响公正裁决的证据的。

第六，仲裁员在仲裁该案时有索贿受贿、徇私舞弊、枉法裁决行为的。

人民法院经组成合议庭审查核实裁决有上述情形之一的，应当裁定撤销仲裁裁决。仲裁裁决被人民法院裁定撤销的，当事人可以自收到裁定书之日起 15 日内就该劳动争议事项向人民法院提起诉讼。

（4）诉讼

当事人对"一裁终局"的劳动争议以外的劳动争议案件的仲裁裁决不服的，可以自收到仲裁裁决书之日起 15 日内向人民法院提起诉讼，期满不起诉的，裁决书发生法律效力。

第三章　公司法与企业法

第一节　公司法

一、公司法概述

(一) 公司的概念、特征和种类

1. 公司的概念

公司是一种企业组织形式。由于各国立法习惯、法律传统等的不同，各国对公司概念的界定也存在着差异。大陆法系国家承认无限责任类型的公司，把公司定义为"依公司法设立，以营利为目的的社团法人"。按照我国相关法律的规定，公司是指依照公司法所规定的条件和程序设立的、以营利为目的的企业法人。

《中华人民共和国公司法》（以下简称《公司法》）规定：《公司法》所称公司是指依照《公司法》在中国境内设立的有限责任公司和股份有限公司。

2. 公司的法律特征

(1) 公司是依法设立的

公司是一种社会经济组织，这种组织要像自然人那样具有权利能力和行为能力，就要依靠法律赋予其人格。首先，公司成立应当符合法律规定的条件。为了防止滥设公司，加强对公司的监督，以保证交易安全，《公司法》规定了较为严格的设置条件。其次，公司设立过程中要按照法律规定的步骤进行并登记注册。作为商事主体的公司只有进行商业登记注册后，才能得到法律的承认，真正具有法人资格。

(2) 公司以营利为目的

营利性是公司的本质特征。发起人设立公司的目的、投资人投资于公司的目的和公司从事经营活动的目的都在于营利。营利泛指公司因经营而获得的利益。它将按出资额或按股份分配给股东。公司是股东获得利益的一种工具，是投资人实现投资利益的法律工具。公司不是为自己而存在的，是为股东而存在的。

（3）公司是企业法人

公司在法律上居于企业法人的地位，是具有法人资格的企业。法人是具有民事权利能力和民事行为能力、依法独立享有民事权利和承担民事义务的组织。

①公司具备法人的条件

第一，公司是依据《公司法》所规定的条件和程序设立的。第二，公司拥有自己独立的必要财产，股东对投入公司的资本享有所有者的资产受益、重大决策和选择管理者的权利，而不能直接干预公司行使法人财产权。法人财产权是公司对股东投资依法享有的占有、使用、收益和处分的权利。第三，公司有自己的名称、组织机构和活动场所。第四，公司能独立承担法律责任。股东不对公司的债务直接负责，公司和股东是两个独立的责任主体，公司以其经营的公司财产承担法律责任，即独立清偿公司的债务。

②公司是企业法人的一种

企业是以营利为目的而从事经济活动的组织。企业既可以是自然人企业，如独资企业和合伙企业；也可以是法人企业，如公司等。因此，公司是企业法人。

与个人独资企业、合伙企业相比，公司制企业的优点是很明显的，这表现为：A. 投资人的风险更小。公司以现有资产为限对债务和亏损承担责任，投资人只以自己的出资额或认购股份为限对公司负责，人们愿意为企业提供资本，企业成立后，也容易筹到社会闲散资金，壮大企业规模，增大经济效益。B. 公司的管理水平更高。公司制企业实现了所有权与经营权的分离，股东很少直接参与经营活动，而是聘请受过专门训练的各方面专家来管理企业，他们知识渊博，经验丰富，因而能够实现有效管理。同时，大公司的管理实践活动，还有助于培养卓越的企业管理专家。C. 公司普遍发展稳定。公司的法律地位明确，其权益受到法律的严格保护。公司的发展一般不因股东的变动而波动，其经营活动独立于任何单位和股东之外；除非自愿终止或者破产，其他因素一般都不会影响公司的存续和发展，因而公司的寿命往往很长。世界上不乏百年公司，比如美国的美孚石油、通用电气、福特汽车等。D. 公司的功能强大。公司制企业具有强大的经济功能和广泛的社会功能。就经济功能而言，公司具有强烈且成效显著的资本聚合力，是资本集中的最有效形式；公司产权界限明晰，每个股东的利益和风险都很明确，有助于有效提高企业的经营效能；公司股权流动相对便利，有利于资源配置的合理化；公司经营涉及的各种资源规模大、集中度较高，市场竞争激烈，经营活动复杂，催生并造就了一大批企业家，产生了企业家阶层。就社会功能而言，生存和发展的"本能"促进了企业主动推进管理与技术创新,持续发展和社会责任的要求促进了企业在防止环境污染、安排就业、赞助社会公益事业等方面发挥着愈加重要的作用。

不过,公司制企业也并非完美型企业,它的组建程序须依法进行,比其他企业更为严格和复杂,同时会产生较多费用;政府对公司的监管细、限制多;有的公司如上市公司股东众多,财务、组织、会议信息均须公开披露,接受股东监督,保密性相对较差。

3. 公司的种类

第一,根据股东的责任范围,公司可分为无限公司、有限责任公司、两合公司、股份有限公司、股份两合公司。

无限公司,是无限责任公司的简称,指全体股东对公司债务承担无限连带责任的公司。有限责任公司,指由法定数量的股东组成,股东以其认缴的出资额为限对公司承担责任,公司以其全部资产对公司债务承担责任的公司。两合公司,指由一部分股东对公司债务承担无限责任,一部分股东对债务承担有限责任的公司。股份有限公司,指全部资本划分为等额股份,股东以其认购的股份为限对公司承担责任,公司以其全部资产对公司债务承担责任的公司。股份两合公司,是两合公司的一种特殊形式,由无限责任股东和有限股份股东组成,其无限责任股东对公司债务承担无限连带责任,有限股份股东以其所持股份对公司承担责任的公司。

第二,根据对外信用基础,公司可分为人合公司、资合公司、人合兼资合公司。

人合公司,指以股东个人信用为基础的公司。人合公司的信用基础在于人,强调股东的个人条件及股东之间相互的信任。无限公司是典型的人合公司。资合公司,指以股东的出资额为基础的公司。资合公司的信用基础在于公司资本,即公司的财产数额,而不注重股东的个人条件和信用。股份有限公司是典型的资合公司。人合兼资合公司,兼以股东个人信用和公司资本信用为信用基础的公司。有限责任公司、两合公司都属于人合兼资合公司。

第三,根据组织管辖系统分类,公司可分为总公司和分公司。

总公司是指在组织上统辖其系统内所有分公司的具有法人资格的公司。分公司是由总公司管辖的分支机构。分公司不是独立的公司,不具有法人资格。本质上来讲,分公司并不是公司,而是公司的一个组成部分。

第四,根据之间的控制关系,公司可分为母公司和子公司。

母公司又称控股公司,是指通过持有其他公司的股份而能实际控制其他公司经营活动的公司。子公司又称被控股公司,是指一定比例的股份被其他公司持有,经营活动受其他公司控制的公司。子公司具有独立法人资格,它独立于母公司而存在,拥有自己独立的财产,能够独立承担法律责任,这是子公司与分公司的最大区别。

第五，根据公司国籍，公司可分为本国公司和外国公司。

我国以准据法和设立行为地的复合标准来确定公司国籍。本国公司，指依照本国法律，在本国登记设立的公司。外国公司，指依照外国法律，在中国境外登记设立的公司。

（二）公司法

公司法是调整公司在设立、经营、变更、终止及其他有关公司的组织和活动的法律规范的总称。它以公司企业为调整对象，涉及公司内部关系和外部关系。公司法调整的公司内部关系主要涉及公司的设立、组织、经营、解散和清算等，公司外部关系主要调整公司与社会公众及国家机关等相互之间的关系。公司法是公司健康发展的法律保障，它对规范公司的组织行为，保护公司、股东、债权人的合法权益，维护社会经济秩序，促进社会主义市场经济的发展有着不可或缺的意义。

二、公司法的基本制度

（一）公司人格否认制度

公司人格否认是指当公司股东滥用公司法人独立地位和股东有限责任来逃避债务、严重损害公司债权人利益时，债权人可以直接请求滥用公司人格的股东对公司债务承担连带责任的法律制度。如果股东借公司形式规避法律、逃避债务、欺诈债权人，法律有必要对股东滥用有限责任的行为进行适当规制。我国《公司法》明确规定："公司股东应当遵守法律、行政法规和公司章程，依法行使股东权利，不得滥用股东权利损害公司或者其他股东的利益；不得滥用公司法人独立地位和股东有限责任损害公司债权人的利益。公司股东滥用股东权利给公司或者其他股东造成损失的，应当依法承担赔偿责任。公司股东滥用公司法人独立地位和股东有限责任，逃避债务，严重损害公司债权人利益的，应当对公司债务承担连带责任。"

公司人格否认并不是对公司法人资格的彻底否定，而只是在特定的法律关系中否定股东的有限责任，要求股东直接对公司债权人承担连带清偿责任，公司人格否认制度的产生，就是为了在特定情况下修正和补充股东有限责任原则。

（二）公司的名称、处所

1. 公司的名称

公司名称是指公司依法享有的与其他公司相区别的一种文字标志。它是公司人格特定化的标记。公司名称具有排他性，在一定范围内，只有一个公司能使用经过注册的特定名称。公司名称应当由以下部分依次组成：

第一，公司注册机关所在地的行政区划。如在省市场监督管理局注册的公司，其名称中要冠以"某某省"。除全国性公司，国务院或其授权的机关批准的大型进出口企业，国务院或其授权的机关批准的大型企业集团，以及历史悠久、字号驰名的公司和外商投资公司外，其他公司名称前应当冠以所在地行政区划的名称。

第二，字号（商号），即公司相互区别的文字符号。企业名称中的字号应当由2个以上、10个以下的国家规范汉字组成。企业名称中的字号不得含有行业表述语、企业类型和组织形式表述语。除经商标权利人许可外，企业名称中的字号不得与驰名商标相同或近似。

第三，公司所属行业或经营特点，指的是公司的主要营业性质或范围。企业名称中行业用语表述的内容应当与企业经营范围一致。企业名称中的行业表述应当符合《国民经济行业分类》规范行业用语，反映其行业或经营特征，不得含有法律、法规、规章及规范性文件明确不予登记的行业，也不得含有国家地区政策中禁止发展的行业。

第四，组织形式。名称中应标明公司属于有限责任公司或股份有限公司。

第五，企业集团母公司的名称可以在企业名称中组织形式之前使用"集团"或者"（集团）"字样。母公司全资或者控股的子公司、经企业集团母公司授权的参股公司，可以在名称中冠以企业集团名称或者简称。

公司名称的禁用内容和文字：有损于国家、社会公共利益的；可能对公众造成欺骗或误解的；外国国家（地区）名称、国际组织名称；政党名称、党政机关名称、社会团体名称和部队番号；汉语拼音字母（外文名称中使用的除外）、数字；其他法律、行政法规规定禁止的。此外，除全国性公司、国务院或其授权的机关批准的大型进出口企业，国务院或其授权的机关批准的大型企业集团外，其他公司名称中不得使用"中国""中华"或者冠以"国际"字样。

2. 公司的住所

我国《公司法》规定：公司以其主要办事机构所在地为住所。确立公司的住所不仅有利于维护公司的合法权益和正常的交易秩序，而且具有十分重要的法律意义。公司设立登记时，住所是必须登记的事项之一，住所也是确定公司行政管辖机关的依据；住所是人民法院确立诉讼管辖的基本依据；住所可以确定人民法院送达诉讼文书的处所；住所是确立债务履行地的法定标准之一；住所也是确定税务管辖机关的依据。

(三) 公司章程

公司章程是指公司依法制定的规定公司的名称、住所、经营范围、注册资本等重大事项的基本法律文件。公司章程是公司成立的必要条件。公司章程是公司的根本准则和自治规范。

公司章程采用书面形式。有限责任公司的章程由全体股东共同制定并在章程上签名、盖章；股份有限公司的初始章程由全体发起人制定并签名盖章，募集设立的经创立大会通过。故公司章程的制定是要式法律行为。

公司章程的内容分三类：绝对记载事项、相对记载事项和任意记载事项。绝对记载事项是由法律规定的，每个公司章程都必须记载的事项，是涉及公司根本问题的重大事项。绝对记载事项的欠缺或不合法将导致整个公司章程的无效。我国《公司法》规定，有限责任公司章程应当载明下列事项：公司名称和住所；公司经营范围；公司注册资本；股东的姓名或者名称；股东的出资方式、出资额和出资时间；公司的机构及其产生办法、职权、议事规则；公司法定代表人；股东会会议认为需要规定的其他事项。股份有限公司章程应当载明下列事项：公司名称和住所；公司经营范围；公司设立方式；公司股份总数、每股金额和注册资本；发起人的姓名或者名称、认购的股份数、出资方式和出资时间；董事会的组成、职权和议事规则；公司法定代表人；监事会的组成、职权和议事规则；公司利润分配办法；公司的解散事由与清算办法；公司的通知和公告办法；股东大会会议认为需要规定的其他事项。相对记载事项是指虽有法律列举，但是否载于公司章程，章程制定人可以选择的事项。任意记载事项是指法律中不列举其内容，但股东或股东大会认为有必要记载的事项。相对记载事项和任意记载事项非经载明于公司章程，不生效力，该事项的不合法仅导致该事项的无效，不影响整个章程的效力。

公司章程时间效力始于公司成立终于公司注销登记。公司章程对公司、股东、董事、监事、高级管理人员具有约束力。公司章程一经生效，非经法定程序不得变更。一方面，公司章程的变更必须经代表 2/3 以上表决权的股东同意方可通过；另一方面，公司修改章程后必须向企业登记机关申请变更登记。

(四) 公司的权利能力和行为能力

1. 公司的权利能力

公司的权利能力是法律赋予公司作为权利义务主体享有权利、承担义务的资格。

公司的权利能力具有以下特征：公司的权利能力从本质上来说是公司的法律资格；公

司的权利能力是立法赋予的,不是天赋的;公司的权利能力始于公司依法成立、营业执照的签发之日,终于公司依法解散、营业执照的缴销之日;公司的权利能力在不同公司之间是不均等的,因公司性质、行业、经营范围等的不同,公司的权利能力范围也不一样。

公司的权利能力受到以下限制:①经营范围的限制。经营范围是公司业务活动的法律界限,公司的权利能力与公司的经营范围是相适应、相一致的。《公司法》规定,公司的经营范围由公司章程规定,并依法登记。公司可以修改公司章程,改变经营范围,但是应当办理变更登记。公司的经营范围中属于法律、行政法规规定须经批准的项目,应当依法经过批准。因此,公司只能在其依法登记的经营范围内从事经营活动。公司超越经营范围,公法上的法律后果是由市场监督管理机关给予相应的行政处罚,私法上的法律后果是对行为的效力产生影响。但受现代公司法理论与实践中经营范围被逐渐弱化的趋势的影响,司法实践中,一般超越经营范围订立的合同,法院并不因此认定其无效。但是违反国家限制经营、特许经营及法律、行政法规禁止经营的除外。②法律规定的限制。例如《公司法》规定:"公司可以向其他企业投资;但是,除法律另有规定外,不得成为对所投资企业的债务承担连带责任的出资人。"这表明,我国《公司法》对转投资对象进行了明确限制。除此之外,《公司法》还在对外担保、资金借贷、股份回购等方面对公司的权利能力设定了限制。③固有性质的限制。公司是法人,具有不同于自然人的固有属性,不享有自然人专属的生命权、身体权、健康权等。

2. 公司的行为能力

公司的行为能力指公司通过自己的独立意思进行经营活动,并实际地取得权利和承担义务的能力。公司的行为能力有以下特征:公司的行为能力和权利能力是同时产生并同时消灭的;行为能力与权利能力的范围一致;各公司行为能力各不相同;公司的行为能力以其团体意思为前提,通过公司的机关加以实现。公司机关就是公司的组织机构,通常包括股东会、董事会、监事会。公司机关在其职权范围内,以公司的名义所为的行为而产生的后果由公司来承担。

(五) 公司的负责人

1. 公司负责人的任职资格

我国《公司法》明确规定,有下列情形之一的,不得担任公司的董事、监事、高级管理人员:①无民事行为能力或者限制民事行为能力;②因贪污、贿赂、侵占财产、挪用财产或者破坏社会主义市场经济秩序,被判处刑罚,执行期满未逾五年,或者因犯罪被剥夺政治权利，执行期满未逾五年；③担任破产清算的公司、企业的董事或者厂长、经理，对该公司、企业的破产负有个人责任的，自该公司、企业破产清算完结之日起未逾三年；④担任因违法被吊销营业执照、责令关闭的公司、企业的法定代表人，并负有个人责任的，自该公司、企业被吊销营业执照之日起未逾三年；⑤个人所负数额较大的债务到期未清偿。公司违反上述规定选举、委派董事、监事或者聘任高级管理人员的，该选举、委派或者聘任无效。董事、监事、高级管理人员在任职期间出现上述所列情形的，公司应当解除其职务。

2. 公司负责人的义务和责任

董事、监事、高级管理人员应当遵守法律、行政法规和公司章程，对公司负有忠实义务和勤勉义务。董事、监事、高级管理人员不得利用职权收受贿赂或者其他非法收入，不得侵占公司的财产。

董事、监事、高级管理人员不得有下列行为：①挪用公司资金；②将公司资金以其个人名义或者以其他个人名义开立账户存储；③违反公司章程的规定，未经股东会、股东大会或者董事会同意，将公司资金借贷给他人或者以公司财产为他人提供担保；④违反公司章程的规定或者未经股东会、股东大会同意，与本公司订立合同或者进行交易；⑤未经股东会或者股东大会同意，利用职务便利为自己或者他人谋取属于公司的商业机会，自营或者为他人经营与所任职公司同类的业务；⑥接受他人与公司交易的佣金归为己有；⑦擅自披露公司秘密；⑧违反对公司忠实义务的其他行为。董事、监事、高级管理人员违反上述规定所得的收入应当归公司所有。董事、监事、高级管理人员执行公司职务时违反法律、行政法规或者公司章程的规定，给公司造成损失的，应当承担赔偿责任。

（六）公司的财务、会计制度

公司是一个资本集合体，任何经营活动都与公司的资产运行紧密相关，因而财务会计在公司的经营活动中极为重要，规范公司的财务会计制度有利于保护投资者和债权人利益，也有利于政府进行宏观管理。

1. 公司财务、会计的基本要求

公司的财务、会计活动除了应遵循《中华人民共和国会计法》《企业财务通则》《企业财务会计报告条例》等规定之外，还应遵守《公司法》的特别规定。《公司法》关于财务、会计的规定优先于一般财务、会计法律制度。

为了完善公司的经营管理制度，提高其经济效益，保护股东和债权人的合法权益，维

护国家和社会的公共利益,《公司法》做了如下规定:①公司应当依照法律、行政法规和国务院财政部门的规定建立本公司的财务、会计制度。②公司应当在每一会计年度终了时编制财务会计报告,并依法经会计师事务所审计。③有限责任公司应当依照公司章程规定的期限将财务会计报告送交各股东。④股份有限公司的财务会计报告应当在召开股东大会年会的 20 日前置备于本公司,供股东查阅;公开发行股票的股份有限公司必须公告其财务会计报告。

公司财务会计报告由资产负债表、损益表、财务状况变动表、财务情况说明书、利润分配表以及会计报表附注等文件组成。董事会是公司经营管理决策机构,公司财务会计报告应由董事会负责编制,董事会也可以依法授权经理负责公司财务会计报告的编制工作。公司编制财务会计报告遵循真实性、准确性、完整性、及时性原则,公司负责人对其真实性、完整性负责。若公司违反法律规定,在法定的会计账簿以外另立会计账簿的,由县级以上人民政府财政部门责令改正,处以 5 万元以上 50 万元以下的罚款;在依法向有关主管部门提供的财务会计报告等材料上做虚假记载或者隐瞒重要事实的,由有关主管部门对直接负责的主管人员和其他直接责任人员处以 3 万元以上 30 万元以下的罚款。

2. 公司的利润分配

公司是以营利为目的的企业法人,股东投资于公司的目的是获取利润,因此利润分配请求权是股东的一项基本权利。为了巩固公司的财务基础,保护投资者和债权人合法权益,维护交易安全和市场秩序,《公司法》对公司的利润加以一定限制,公司应当按照如下顺序进行利润分配:①弥补以前年度的亏损,但不得超过税法规定的弥补期限;②缴纳所得税,公司应依我国《企业所得税法》的规定缴纳企业所得税;③弥补在税前利润弥补亏损之后仍存在的亏损,按照现行规定,企业在发生亏损以后的 5 年可以以税前利润弥补亏损,但亏损数额太大,后 5 年实现利润弥补不完的,只能用税后利润弥补;④提取法定公积金;⑤提取任意公积金;⑥向股东分配利润,公司弥补亏损和提取公积金后所余税后利润,有限责任公司按照股东实缴的出资比例分配,但全体股东约定不按照出资比例分配的除外,股份有限公司按照股东持有的股份分配,但股份有限公司章程规定不按持股比例分配的除外。公司股东会、股东大会或者董事会违反规定,在公司弥补亏损和提取法定公积金之前向股东分配利润的,股东必须将违反规定分配的利润退还公司。公司持有的本公司股份不得分配利润。

3. 公积金制度

公积金是公司为了弥补亏损、扩大经营规模、稳固公司资本,依照法律和公司章程的规定及股东会的决议，从公司盈余或资本收益中提取的一种储备金。公积金分为盈余公积金和资本公积金两类。

（1）盈余公积金

盈余公积金是从公司税后利润中提取的公积金，分为法定公积金和任意公积金两种。

公司分配当年税后利润时，应当提取利润的10%列入公司法定公积金，公司法定公积金累计额为公司注册资本的50%以上的，可以不再提取。公司的法定公积金不足以弥补以前年度亏损的，在依照前款规定提取法定公积金之前，应当先用当年利润弥补亏损。公司的法定公积金用于弥补公司的亏损、扩大公司生产经营或者转为增加公司资本。用法定公积金转增资本时，转增后留存的法定公积金不得少于转增前注册资本的25%。

公司从税后利润中提取法定公积金后，经股东会或者股东大会决议，还可以从税后利润中提取任意公积金。任意公积金的提取比例没有限制，由股东会或股东大会决议，用任意公积金转增资本时，不受25%的限制。例如，某股份有限公司的注册资本为2000万元，公司的法定公积金为800万元，任意公积金为400万元，如果公司要以公积金700万元转增公司资本，那么最多只能用300万元法定公积金。

（2）资本公积金

资本公积金是直接由资本原因形成的公积金。股份有限公司以超过股票票面金额的发行价格发行股份所得的溢价款及国务院财政部门规定列入资本公积金的其他收入，如法定财产重估增值、接受捐赠的资产价值等应当列为公司资本公积金。公司的资本公积金不得用于弥补公司的亏损。

三、有限责任公司法

（一）有限责任公司的概念、特征及优缺点

1. 有限责任公司的概念

有限责任公司又称有限公司，是指依照《公司法》的有关规定设立的，股东以其出资额为限对公司承担责任，公司以其全部资产对公司的债务承担责任的企业法人。

2. 有限责任公司的特征

（1）有限责任公司是独立的企业法人

有限责任公司是具有法人资格的企业。首先，有限责任公司人格独立，是具有独立法律地位的民事主体；其次，有限责任公司财产独立，公司财产是由公司股东的投资及公司

利用该项投资所得收益共同构成的，它区别于公司股东的个人财产；最后，有限责任公司的法律责任独立，其以全部财产对其行为后果承担责任，在公司资不抵债时，公司可以申请进入破产清算程序，而股东对公司债务则不直接负责。

（2）股东仅以其出资额为限对公司承担责任

有限责任公司是具有独立法律人格的企业法人，企业的财产与股东的其他财产完全分离。股东对公司的权利、义务和责任以其出资份额为基础，股东以其认缴的出资额为限对公司承担责任，按出资份额分享公司权益。

（3）股东人数有限制

有限责任公司股东有最高人数限制，源于有限公司的性质。依《公司法》的性质，有限责任公司是一种人合兼资合公司，在资本联合的同时，需要股东之间的相互了解、合作，所以不能像股份有限公司那样有众多的股东，人数太多不利于公司的发展，也不利于发挥其优势。绝大多数国家或地区的公司法都对有限责任公司的股东规定了人数限制。我国现行《公司法》规定的有限责任公司的人数为 50 人以下。

（4）有限责任公司不能公开募集股份，不能发行股票

有限责任公司的股东有证明各自出资份额以及股份的权利证书，但它不是股票，被称作股单。股单和股票不同，股票是股份有限公司股东出资的证明，它是一种有价证券，可以在证券市场上流通；而股单只是一种权利证明，它不能买卖。股单不能流通是源于有限责任公司对外不能公开募集股份，不能发行股票，而只能由全体股东认购公司全部资本。

（5）有限责任公司具有人合公司与资合公司的双重属性

有限责任公司是以股东个人信用与公司资本信用结合共同作为对外经营活动的信用基础的公司，它既强调股东之间的信任，又依靠资本的联合。对股东人数的规定是由有限责任公司的人合性决定的。有限责任公司兼具人合公司和资合公司的双重属性，使其在实践中表现出许多优越性，诸如中小公司、信誉良好、资金相对充足，是我国设立公司的首选类型。

3. 有限责任公司的优缺点

（1）有限责任公司的优点

与其他类型的公司形式相比，有限责任公司具有以下优点：

①设立程序比较简单

相比股份有限公司，有限责任公司只能采取发起式设立，全部股份由全体股东认购，资本最低限额低，登记注册比较容易。

②有限责任公司的人合性决定了公司事务易于解决

因股东有最高人数限制，所以股东之间容易协调。

③有限责任公司公示主义稍显缓和

它的经营状况及财务状况呈保密状态，这一点对公司是有利的，有利于公司业务在秘密状态下向前发展。

(2) 有限责任公司的缺点

有限责任公司的缺点主要表现在：

第一，有限责任公司具有人合性，股东很容易在公司从事个人业务。由于缺乏社会公众的监督，会出现股东滥用公司形式逃避责任和风险。

第二，有限责任公司对外是不公开其业务的，股东之间在公众面前可以保守其公司事务的秘密。这既是有限责任公司的优点，但对整个社会来说，又是它的不足之处。这种保密会使公司忽视债权人的利益，甚至高额负债，其交易对手及社会公众都不会知道，易破坏社会经济秩序。

第三，有限责任公司的出资不像股票那样可以自由转让，股东转让其出资须经其他股东全体同意，并因此修改有限责任公司的章程。这对于股东来说，不利于其投资的流动性和投资的变现能力，投资风险相对大些。

(二) 有限责任公司的设立

公司的设立是指股东或发起人为组建公司，使其取得企业法人资格而必须具备各项法定条款和完成必要行为的总称。设立有限责任公司必须遵守《公司法》规定的条件和程序。其设立行为是一种要式行为，即符合所有设立条件后，要向公司登记机关进行登记，公司的注册登记是一种政府行为。

1. 有限责任公司设立的条件

(1) 股东符合法定人数

由于有限责任公司具备一定的人合性质，其股东人数有上限。《公司法》规定有限责任公司由 50 个以下股东出资设立，允许设立一人有限责任公司。公司在设立时要遵守股东人数限制，在存续期间也应符合该规定，即股东向其他人转让出资或吸收新的出资人时，必须确保股东人数不超过 50 人。

(2) 有符合公司章程规定的全体股东认缴的出资额

《公司法》取消了最低出资额的要求，即不再规定公司设立的最低法定出资额，股东可根据实际条件和需要自由出资。每个股东的出资方式、出资额及出资时间由章程规定，全体股东认缴的出资额与章程规定的出资总额一致，注册资本为在公司登记机关登记的全体股东认缴的出资额。值得注意的是，根据"特别法优于普通法"原则，法律对特定行业的公司出资额有特别规定的，从其规定。

（3）股东共同制定公司章程

公司章程是公司设立时的核心文件，其性质和作用相当于公司的"宪法"，它是公司组织和行为的纲领性文件，也是处理公司内外部关系的法律依据。因此，各国公司法都将章程作为公司设立的法定必备条件，在设立登记时由登记机关审查备案。

（4）有公司名称，建立符合有限责任公司要求的组织机构

公司的名称是公司作为独立的法律主体的人格标志。根据相关文件的规定，公司只能使用一个名称，在登记主管机关辖区内不得与已登记注册的同行业企业名称相同或者近似。有限责任公司的组织机构由股东会、董事会和监事会组成。其中一人有限责任公司不设股东会，股东人数较少或者规模较小的有限责任公司，可以设一名执行董事，不设董事会，也可以设1~2名监事，不设监事会。

（5）有公司住所

公司的住所是公司主要办事机构所在地，经公司登记机关登记的公司的住所只能有一个。

2. 有限责任公司设立的程序

（1）发起人发起

有限责任公司的设立只能由发起人发起。投资者按照自愿的原则，在筹备设立时，为了确定未来公司的基本框架，通常要首先签署公司发起协议或公司设立协议书，对未来公司的投资者、投资比例、公司名称等事项加以规定。

（2）申报企业名称

申请人进行名称自主申报的，应当提交股东、发起人或主管单位签署的《企业名称自主申报承诺书》，承诺自行承担相关法律责任，做出风险承诺后确认申报。申请人对名称自主申报材料的真实性负责。申请人自主申报的企业名称应当符合《企业名称登记管理规定》要求。企业名称由行政区划、字号、行业、组织形式四部分组成。自主申报的企业名称与在同一企业登记机关已登记，或在保留期限内未登记的企业名称相同或属于禁用范围的，系统将不允许申报；申请的名称涉及限用内容的，申请人提供有关证明或者授权文件后方可申报；申请的名称与同一企业登记机关已登记，或在保留期限内未登记的企业名称近似的，系统提示申请人可能存在的侵权风险和须承担的责任，申请人自行选择是否继续申报。

对申请人拟申请的名称，企业名称自主申报系统进行查询比对，向申请人反馈名称"予以通过""有条件通过"或"不予通过"的提示意见，申请人根据提示意见做出选择。

（3）制定公司章程

有限责任公司章程由全体股东共同制定，股东应当在章程上签名、盖章。有限责任公司章程应载明下列事项：公司名称和住所；公司经营范围；公司注册资本；股东的姓名或者名称；股东的出资方式、出资额和出资时间；公司的机构及其产生办法、职权、议事规则；公司法定代表人及股东会会议认为需要规定的其他事项。

（4）出资

股东可以用货币出资，也可以用实物、知识产权、土地使用权等可以用货币估价并可以依法转让的非货币财产作价出资，但不得以劳务、信用、自然人姓名、商誉、特许经营权或者设定担保的财产等作价出资。

对作为出资的非货币财产应当评估作价，核实财产，不得高估或者低估作价。法律、行政法规对评估作价有规定的，从其规定。股东应当按期足额缴纳公司章程中规定的各自所认缴的出资额。股东以货币出资的，应当将货币出资足额存入有限责任公司在银行开设的账户；以非货币财产出资的，应当依法办理其财产权的转移手续。股东不按照前款规定缴纳出资的，除应当向公司足额缴纳外，还应当向已按期足额缴纳出资的股东承担违约责任。

（5）申请设立登记

设立有限责任公司，应当由全体股东指定的代表或者共同委托的代理人向公司登记机关申请设立登记。市场监督管理部门是企业法人登记的主管机关。

申请人可以到公司登记机关提交申请，也可以通过信函、电报、电传、传真、电子数据交换和电子邮件等方式提出申请，并提交下列文件：公司法定代表人签署的设立登记申请书；全体股东指定代表或者共同委托代理人的证明；公司章程；股东的主体资格证明或者自然人身份证明；载明公司董事、监事、经理的姓名、住所的文件及有关委派、选举或者聘用的证明；公司法定代表人任职文件和身份证明；《企业名称自主申报告知书》和《企业名称自主申报承诺书》；公司住所证明；要求提交的其他文件。此外，法律、行政法规或者国务院决定规定设立有限责任公司必须报经批准的，还应当提交有关批准文件。

登记机关经过审查之后决定予以登记的，做出准予登记的决定，颁发《企业法人营业执照》，公司营业执照签发日期为公司成立日期。公司凭公司登记机关核发的《企业法人营业执照》刻制印章，开立银行账户，申请纳税登记。

（6）签发出资证明书

有限责任公司成立后，应当向股东签发出资证明书，出资证明书应当载明下列内容：公司名称；公司成立日期；公司注册资本；股东的姓名或者名称、缴纳的出资额和出资日期；出资证明书的编号和核发日期。出资证明书由公司盖章。

（三）有限责任公司的股东

1. 股东的主要权利

（1）民主性权利

①知情权

股东有权查阅、复制公司章程、股东会会议记录、董事会会议决议、监事会会议决议和财务会计报告、公司会计账簿等。

②决策表决权

股东有权参加股东会，并根据出资比例或章程规定行使表决权。

③选举权和被选举权

股东有权选举和被选举为董事会成员、监事会成员。

④解散公司请求权

公司经营管理发生严重困难，继续存续会使股东利益受到重大损失，通过其他途径不能解决的，持有公司全部股东表决权10%以上的股东，可以请求人民法院解散公司。

⑤临时股东会的提议召集权

代表1/10以上表决权的股东可以提议召集临时股东会。

（2）财产性权利

①收益权

股东有权依照法律、法规、公司章程规定获取红利，在公司解散后依法分配公司剩余财产。

②优先权

经股东同意转让的股权，在同等条件下，其他股东有优先购买权。

③出资转让权

有限责任公司的股东之间可以相互转让其全部或者部分股权，也可以经其他股东过半数同意向股东以外的人转让股权。

(3) 诉讼权

①直接索赔权

当董事或者高管的个人行为对股东个人造成直接的利益损害，股东有权直接向法院起诉要求赔偿。

②派生诉讼权

股东派生诉讼是指当公司的合法权益受到他人侵害，特别是受到有控制权的股东、母公司、董事和高级管理人员的侵害而公司怠于行使诉讼权时，符合法定条件的股东以自己名义为保护公司的利益对侵害人提起诉讼，追究其法律责任的诉讼制度。

2. 股东的主要义务

（1）按章程规定缴纳出资，并不得抽逃出资

股东应按照章程的规定缴纳出资，若不按章程规定缴纳出资的，除应当向公司足额缴纳外，还应当向已按期足额缴纳出资的股东承担违约责任。虚假出资，未交付或者未按期交付作为出资的货币或者非货币财产的，由公司登记机关责令改正，处以虚假出资金额5%以上15%以下的罚款。公司成立后，股东不得抽逃出资，否则，由公司登记机关责令改正，处以所抽逃出资金额5%以上15%以下的罚款。

（2）遵守公司章程

章程对全体股东有约束力，股东必须遵守章程规定。

（3）不得滥用公司独立法人地位和股东有限责任

股东不得滥用股东权利损害公司或者其他股东的利益；不得滥用公司法人独立地位和股东有限责任损害公司债权人的利益。公司股东滥用股东权利给公司或者其他股东造成损失的，应当依法承担赔偿责任；公司股东滥用公司法人独立地位和股东有限责任，逃避债务，严重损害公司债权人利益的，应当对公司债务承担连带责任。

3. 股权转让

（1）股东之间转让股权

有限责任公司的股东相互之间可以自由转让其全部或者部分股权。若有限责任公司股东相互之间转让股权而导致公司只剩下一个股东，公司的存续必须符合《公司法》关于一人有限责任公司的有关条件。

（2）股东向股东以外的人转让股权

股东向股东以外的人转让股权，应当经其他股东过半数同意。股东应就其股权转让事项书面通知其他股东征求同意，其他股东自接到书面通知之日起满30日未答复的，视为

同意转让。其他股东半数以上不同意转让的，不同意的股东应当购买该转让的股权，不购买的视为同意转让。经其他股东同意转让的股权，在同等条件下，其他股东有优先购买权，公司章程另有规定的除外。两个以上股东主张行使优先购买权的，协商确定各自的购买比例；协商不成的，按照转让时各自的出资比例行使优先购买权。但有限责任公司的股东因继承、遗赠等原因发生变化时，不支持其他股东的优先购买权，公司章程另有规定的除外。

（3）强制转让股权

人民法院依法采取强制执行措施转让股东在公司中的股权，应当通知股东所在的公司和全体股东，其他股东在同等条件下享有优先购买权，但该优先购买权应当自接到人民法院的通知之日起20日内行使，逾期不行使的，视为放弃优先购买权，第三人可以通过强制执行措施受让该股权。

（4）股权收购请求权

若某一或某些股东对公司的存续失去信心或不愿意与其他股东继续合作，又无第三人愿意受让其股权，在此情形下，法律为这些股东提供合理的救济渠道。《公司法》做出了相应规定。有下列情形之一的，股东可以请求公司按照合理的价格收购其股权：①公司连续5年不向股东分配利润，而公司该5年连续盈利，并且符合《公司法》规定的分配利润条件的；②公司合并、分立、转让主要财产的；③公司章程规定的营业期限届满或者公司章程规定的其他解散事由出现，股东会会议通过决议修改公司章程使公司存续的。自股东会会议据以通过之日起60日内，股东与公司不能达成股权收购协议的，股东可以于股东会会议决议通过之日起90日内向人民法院提起诉讼。

（四）有限责任公司的组织机构

1. 股东会

（1）股东会的职权

有限责任公司股东会由全体股东组成。股东会是公司的权力机构，对公司的重大事项做出决策。《公司法》规定，股东会行使下列职权：①决定公司的经营方针和投资计划；②选举和更换非由职工代表担任的董事、监事，决定有关董事、监事的报酬事项；③审议批准董事会的报告；④审议批准监事会或者监事的报告；⑤审议批准公司的年度财务预算方案、决算方案；⑥审议批准公司的利润分配方案和弥补亏损方案；⑦对公司增加或者减少注册资本做出决议；⑧对发行公司债券做出决议；⑨对公司合并、分立、解散、清算或者变更公司形式做出决议；⑩修改公司章程；⑪公司章程规定的其他职权。对上述事项股东以书面形式一致表示同意的，可以不召开股东会会议，直接做出决定，并由全体股东在决定文件上签名、盖章。

（2）股东会的议事规则

股东会会议分为定期会议和临时会议。定期会议依照公司章程的规定按时召开；代表 1/10 以上表决权的股东，1/3 以上的董事，监事会或者不设监事会的公司的监事提议召开临时会议的，应当召开临时会议。

首次股东会会议由出资最多的股东召集和主持，此后召开股东会会议，设立董事会的公司，股东会会议由董事会召集，董事长主持；若董事长不能履行职务或者不履行职务，由副董事长主持；副董事长不能履行职务或者不履行职务的，由半数以上董事共同推举一名董事主持。不设董事会的公司，股东会会议由执行董事召集和主持。若董事会或者执行董事不能履行或者不履行召集股东会会议职责，由监事会或者不设监事会的公司的监事召集和主持；监事会或者监事不召集和主持的，代表 1/10 以上表决权的股东可以自行召集和主持。

除公司章程另有规定或者全体股东另有约定外，召开股东会会议，应当于会议召开十五日前通知全体股东。除章程另有规定外，股东会会议由股东按照出资比例行使表决权。股东会的议事方式和表决程序由公司章程规定。但股东会会议做出修改公司章程、增加或者减少注册资本的决议，以及公司合并、分立、解散或者变更公司形式的决议，必须经代表 2/3 以上表决权的股东通过。股东会应当对所议事项的决定作成会议记录，出席会议的股东应当在会议记录上签名。

2. 董事会

有限责任公司设董事会作为其业务执行机构，董事会成员为 3~13 人，通常为单数，国有投资主体设立的有限责任公司应当有职工代表担任董事，董事会中的职工代表由公司职工通过职工代表大会、职工大会或者其他形式民主选举产生。规模较小和股东人数较少的公司可设 1 名执行董事，不设董事会。

（1）董事会的职权

根据《公司法》的规定，董事会对股东会负责，行使下列职权：①召集股东会会议，并向股东会报告工作；②执行股东会的决议；③决定公司的经营计划和投资方案；④制订公司的年度财务预算方案、决算方案；⑤制订公司的利润分配方案和弥补亏损方案；⑥制订公司增加或者减少注册资本以及发行公司债券的方案；⑦制订公司合并、分立、解散或者变更公司形式的方案；⑧决定公司内部管理机构的设置；⑨决定聘任或者解聘公司经理及其报酬事项，并根据经理的提名决定聘任或者解聘公司副经理、财务负责人及其报酬事项；⑩制定公司的基本管理制度；⑪公司章程规定的其他职权。

不设董事会的公司，上述职权由执行董事行使。

（2）董事会的议事规则

董事会设董事长1人，可以设1~2名副董事长。董事长、副董事长的产生办法由公司章程规定。董事任期由公司章程规定，但每届任期不得超过3年。董事任期届满，连选可以连任。董事会会议由董事长召集和主持；董事长不能履行职务或者不履行职务的，由副董事长召集和主持；副董事长不能履行职务或者不履行职务的，由半数以上董事共同推举一名董事召集和主持。

董事会决议的表决，实行一人一票，除此之外，董事会的议事方式和表决程序，由公司章程规定。

3. 经理

有限责任公司可以设经理负责公司的日常经营管理。经理由董事会决定聘任或者解聘，并对董事会负责。

经理行使下列职权：①主持公司的生产经营管理工作，组织实施董事会决议；②组织实施公司年度经营计划和投资方案；③拟订公司内部管理机构设置方案；④拟定公司的基本管理制度；⑤制定公司的具体规章；⑥提请聘任或者解聘公司副经理、财务负责人；⑦决定聘任或者解聘除应由董事会决定聘任或者解聘以外的负责管理人员；⑧董事会授予的其他职权。公司章程对经理职权另有规定的，从其规定。

经理可以由公司股东担任，也可以由非股东担任，公司董事、董事长或执行董事可以兼任公司经理，经理列席董事会会议。

4. 监事会

（1）监事会的职权

根据《公司法》的规定，监事会、不设监事会的公司的监事行使下列职权：①检查公司财务；②对董事、高级管理人员执行公司职务的行为进行监督，对违反法律、行政法规、公司章程或者股东会决议的董事、高级管理人员提出罢免的建议；③当董事、高级管理人员的行为损害公司的利益时，要求董事、高级管理人员予以纠正；④提议召开临时股东会会议，在董事会不履行本法规定的召集和主持股东会会议职责时召集和主持股东会会议；⑤向股东会会议提出提案；⑥依照本法规定，对董事、高级管理人员提起诉讼；⑦公司章程规定的其他职权。监事可以列席董事会会议，并对董事会决议事项提出质询或者建议。

（2）监事会的议事规则

监事会设主席一人，由全体监事过半数选举产生。监事会主席召集和主持监事会会议；监事会主席不能履行职务或者不履行职务的，由半数以上监事共同推举一名监事召集和主持监事会会议。监事的任期每届为3年。监事任期届满，连选可以连任。

监事会每年度至少召开一次会议，监事可以提议召开临时监事会会议。监事会决议应当经半数以上监事通过。除此之外，监事会的议事方式和表决程序由公司章程规定。

（五）一人有限责任公司及国有独资公司的特别规定

1. 一人有限责任公司的特别规定

一人有限责任公司是指只有一个自然人或法人股东的有限责任公司。如一个自然人股东出资设立有限责任公司、母公司出资设立的全资子公司或者有限责任公司因股东退出后只剩下一个股东而转化为一人有限责任公司。

（1）数量限制

一个自然人只能投资设立一个一人有限责任公司，该一人有限责任公司不能再投资设立新的一人有限责任公司。法人设立一人有限责任公司没有限制。

（2）公示

一人有限责任公司应当在公司登记时注明自然人独资或者法人独资，并在营业执照中载明。

（3）组织机构

一人有限责任公司不设股东会，股东做出决议时，应当采用书面形式；一人有限责任公司可以设1名执行董事，不设立董事会，执行董事可以兼任公司经理；一人有限责任公司可以设1~2名监事，不设立监事会。

（4）财务监督

一人有限责任公司应当在每一个会计年度结束时编制财务会计报告，并经会计师事务所审计。

（5）股东的举证责任

一人有限责任公司的股东不能证明公司财产独立于股东自己财产的，应当对公司债务承担连带责任。

2. 国有独资公司的特别规定

国有独资公司是指国家单独出资、由国务院或者地方人民政府授权本级人民政府国有资产监督管理机构履行出资人职责的有限责任公司。

（1）章程制定的特殊性

国有独资公司章程由国有资产监督管理机构制定，或者由董事会制定报国有资产监督管理机构批准。

（2）股东会设置的特殊性

国有独资公司不设股东会，由国有资产监督管理机构行使股东会职权。国有独资公司设董事会的职权与一般有限责任公司相同。国有资产监督管理机构可以授权公司董事会行使股东会的部分职权，决定公司的重大事项，但公司的合并、分立、解散、增加或者减少注册资本和发行公司债券，必须由国有资产监督管理机构决定；其中，重要的国有独资公司合并、分立、解散、申请破产的，应当由国有资产监督管理机构审核后，报本级人民政府批准。

（3）董事委派的特殊性

董事每届任期不得超过 3 年。董事会成员由国有资产监督管理机构委派，但是董事会成员中应当有公司职工代表，由公司职工代表大会选举产生。

（4）董事长指定的特殊性

董事会设董事长 1 人，可以设副董事长。董事长、副董事长由国有资产监督管理机构从董事会成员中指定。

（5）监事会组成的特殊性

国有独资公司监事会成员不得少于 5 人，其中职工代表的比例不得低于 1/3，具体比例由公司章程规定。监事会成员由国有资产监督管理机构委派，但是监事会成员中的职工代表由公司职工代表大会选举产生。监事会主席由国有资产监督管理机构从监事会成员中指定。

四、股份有限公司法

（一）股份有限公司的概念、特征及优缺点

1. 股份有限公司的概念

股份有限责任公司，又称股份有限公司，是指由若干出资者作为发起人组织建立的，全部资本划分为等额股份，股东以其所认购的股份为限，对公司承担责任，公司以其全部资产对公司债务承担责任的企业法人。

2. 股份有限公司的特征

（1）资本划分为若干等额股份

股份有限公司的全部资本平均分为等额的股份，每个股东所持有的股份额可以不同，但每股的金额应当相等。这是股份有限公司区别于有限责任公司的重要特征。

（2）股东以其认购的股份为限对公司承担责任

股东对公司及其债权人不负任何股份额以外的责任。公司的债权人不能直接向股东提出清偿债务的要求，更不能要求用股东个人的财产清偿债务。因为股东认购的股份已经集合形成了公司的法人财产权，其与股东的其他个人财产是分离的。股份有限公司以其全部法人财产自主经营、自负盈亏，而股东仅以其认购的股份为限对公司承担责任。

（3）股东人数必须达到法定最低人数

向社会公众募集公司资本，是发起人（投资者）设立股份有限公司的主要目的。为了保证股份有限公司的运行始终处于社会公众的监督之下，各国公司法都对股份有限公司的股东人数有最低数量限制。社会公众只要承认股份有限公司的章程，购买其股份，均可成为其股东。因此，股份有限公司的股东人数没有上限。我国《公司法》规定：设立股份有限公司，应当有2人以上200人以下为发起人，其中须有半数以上的发起人在中国境内有住所。

（4）公开公司

股份有限公司同有限责任公司不同，后者是封闭公司，而前者是公开公司。这种公开包括：第一，股份有限公司是公开向社会募集股份的，即向社会公众发行股票，并在股票发行中向社会公众公开发起人和公司的经营信息；第二，股份有限公司发行的股票可以依法公开地自由转让；第三，股份有限公司的经营活动是公开的、置于社会公众监督之下，有向社会定期公布其经营及财务状况的义务。

（5）资合性质的公司

股份有限公司设立和运行的基础在于其所拥有的财产，其公司信用基础在于公司资本。股份有限公司股东之间的关系是建立在财产或出资基础之上的，股东之间无须存在信赖和信任，而仅有股份或投资上的联络。股份有限公司的股东也经常随股份的流动而变化，同一家股份有限公司的股东可能都不相识，彼此间根本无须建立任何信赖关系，故股份有限公司是典型的资合性质的公司。

3. 股份有限公司的优缺点

（1）股份有限公司的优点

①可以加快资本集中

股份有限公司是集中资本的一种最有利的公司形式。这不仅是由于它可以对外公开发行股票和债券，而且由于它的股份金额一般较少，可以大规模地吸收社会闲散资金，将超量的生活资金转化成生产资金。应该说，股份有限公司在集中小额资金形成巨额资金方面的独特作用，对于国家的整体经济发展来说是极其有利的。

②分散投资者的风险

由于股份金额较少，大量的股东个人所拥有的份额只占公司总资本的很少一部分，而股东只以其拥有的股份金额对公司承担财产责任，虽然公司本身规模很大，风险也很大，但对各个投资者来说却只承担投资额的风险。

③有利于改善经营管理

传统企业的最大弱点之一，就是财产所有权、经营权和监督权的三者合一，这使得企业缺乏利益机制的驱动。建立股份有限公司是实现"公司所有权与公司经营权分离"的重要企业形式。通过股份有限公司，投资者将公司及其财产权利交给专业管理者进行经营，经营者可以在其权限内发挥管理才能，为投资者实现巨大利益。

④实现资本的稳定与股份流通的有机结合

只有保持公司资本的稳定性，才能有利于公司的发展。股份有限公司制度为实现资本稳定创造了必要的条件，一旦股东投资于公司，此项投资就转化为公司的独立财产，与投资者的其他财产相分离，股东不得撤回，这使公司资本非常稳定。许多投资者不满足于永久性地投资于某一企业，其资金用途可以是多方面的，如希望选择投资效益更好的公司，或希望收回投资，实现投资变现。股份有限公司制度为实现股东的诸多要求提供了股份自由流动的机制。股份有限公司股东持有的股份可以出售，从而实现其投资流动性。股份有限公司的这一特性也是其他形式的公司乃至企业无法比拟的。

（2）股份有限公司的缺点

①设立和运行机制比较复杂

各国法律对股份有限公司的设立条件、设立程序、方式、管理机构和原则、监督机制和财务制度都做出了非常具体而严格的规定。由于股份有限公司结构复杂、庞大，公司的活动也多受约束和限制，因此，较之其他公司对市场反应迟缓、不灵活，这对投资者来说都是不利的。

②对小股东的保护较弱

股份有限公司的决策权、经营权是以投资者所持有的股票和股份数量来衡量的。这就易造成少数大股东对公司的操纵和控制,从而会漠视和忽略小股东的利益。

③公司易受股票价格的影响

股份有限公司股东流动性大,不易控制掌握,股东对公司缺乏责任感,往往公司经营稍有不佳,股东就会抛售股票,转移风险,甚至会使可能扭亏转盈的公司因股票价格的跌落而一蹶不振。

(二)股份有限公司的设立

1. 设立条件

与有限责任公司一样,股份有限公司应当具备符合法律规定的名称、组织机构和住所,此外,设立股份有限公司还应具备下列条件。

第一,发起人符合法定人数。发起人就是股份有限公司的设立人、筹建人或创办人。发起人承担公司筹办事务,通过订立发起人协议明确各自在公司设立中的权利、义务,并对公司设立承担法定责任。发起人可以是自然人,也可以是法人。关于发起人的人数,各国公司法规定不尽相同。我国《公司法》规定,设立股份有限公司,应当有2人以上200人以下为发起人,其中须有半数以上的发起人在中国境内有住所。

第二,有符合公司章程规定的全体发起人认购的股本总额或者募集的实收股本总额。股份有限公司以发起方式设立的,全体发起人认购的股本总额要符合章程的规定,公司注册资本为全体发起人认购的股本总额;以募集方式设立的,全体发起人认购的股份不得少于公司股份总数的35%,法律、行政法规另有规定的,从其规定,注册资本为在公司登记机关登记的实收股本总额。发起设立的注册资本是发起人认购的股本总额,不必是实收的股本总额,发起设立的股份有限公司的发起人可以分期缴纳其出资;而募集设立的注册资本必须是实收的股本总额,募集设立的股份有限公司的发起人及其股东,《公司法》不允许分期缴纳其出资,必须是一次足额缴纳。法律、行政法规及国务院决定对股份有限公司注册资本实缴、注册资本最低限额另有规定的,从其规定。

第三,股份发行、筹办事项符合法律规定。发行股份是股份有限公司区别于有限责任公司的重要标志,股份发行既是股份有限公司设立的条件,也是设立程序。发行股份既涉及公司法的规定,也涉及证券法的规定,法律条文众多。

第四,发起人制定公司章程,采用募集方式设立的经创立大会通过。对于股份有限公司来说,章程既是公司组织和行为的根本准则,也是公众据以了解公司的重要文件。由于股份有限公司股东人数众多，尤其是公开发行股份的公司股东更多，无法让每一个股东都参与公司章程的制定，因此，《公司法》规定，以募集方式设立的股份公司，章程应当经创立大会讨论通过，公司章程一经创立大会通过并经依法登记，不仅对发起人有效，对其他所有股东及公司董事、监事和经理均有法律约束力。

2. 股份有限公司设立的方式及其程序

股份有限公司可以采取发起设立和募集设立两种方式设立。

（1）发起设立

所谓发起设立，是指发起人认购公司应发行的全部股份而设立公司。相对于募集设立而言，发起设立的程序较为简便，根据《公司法》及相关法律、行政法规的规定，除经营范围涉及前置审批的须履行相关行政审批程序外，发起设立股份有限公司遵循以下程序：

①发起人签订发起协议

发起人应当签订发起协议，明确各自在公司设立过程中的权利和义务。

②发起人认购股份、缴纳股款

采取发起设立的方式设立股份有限公司，全体发起人应当按照章程规定的份额认足股份，并按照公司章程规定缴纳出资。发起人的出资方式与有限责任公司相同，若发起人以非货币财产出资，还应依法办理其财产权的转移手续。发起人不依照公司章程规定缴纳出资的，应当按照发起人协议承担违约责任。

③选举董事会和监事会

发起人认足公司章程规定的出资后，应当选举董事会和监事会。

④申请设立登记

由董事会向公司登记机关报送公司章程及法律、行政法规规定的其他文件，申请设立登记。

（2）募集设立

募集设立是指由发起人认购公司应发行股份的一部分，其余部分向社会公开募集而设立公司。募集设立因发行股份，所涉程序较为复杂，除了要申请名称预先核准、发起人签订发起协议外，募集设立还有以下程序：

①发起人认购股份

各国公司法均允许以募集设立方式设立股份有限公司，同时要求发起人必须首先认购公司部分股份，比例不等。我国《公司法》规定："以募集设立方式设立股份有限公司的，发起人认购的股份不得少于公司股份总数的35%；但是，法律、行政法规另有规定的，从其规定。"

②向社会公开募集剩余股份

发起人认购法定股份后，依法经国务院证券监管机构核准，可向社会公开募集剩余股份。发起人向社会公开募集股份，必须公告招股说明书，并制作认股书。招股说明书应当附有发起人制定的公司章程，并载明下列事项：发起人认购的股份数；每股的票面金额和发行价格；无记名股票的发行总数；募集资金的用途；认股人的权利、义务；本次募股的起止期限及逾期未募足时认股人可以撤回所认股份的说明。认股书应当载明招股说明书所列内容，由认股人填写认购股数、金额、住所并签名、盖章。

发起人向社会公开募集股份，应当由依法设立的证券公司承销，签订承销协议。同银行签订代收股款协议，代收股款的银行应当按照协议代收和保存股款，向缴纳股款的认股人出具收款单据，并负有向有关部门出具收款证明的义务。

认股人按照所认购股数缴纳股款，发行股份的股款缴足后，必须经依法设立的验资机构验资并出具证明。

③召开创立大会，确定公司章程和公司组织机构

发起人应当自股款缴足之日起30日内主持召开公司创立大会。创立大会由发起人、认股人组成，应有代表股份总数过半数的发起人、认股人出席，方可举行。创立大会审议发起人关于公司筹办情况的报告；通过公司章程；选举董事会、监事会成员；对公司的设立费用进行审核；对发起人用于抵作股款的财产的作价进行审核；发生不可抗力或者经营条件发生重大变化直接影响公司设立的，可以做出不设立公司的决议。

创立大会对前款所列事项做出决议，必须经出席会议的认股人所持表决权过半数通过。

④申请设立

董事会应于创立大会结束后30日内，向公司登记机关报送公司登记申请书、申请设立登记、创立大会的会议记录、公司章程、验资证明、发起人的法人资格证明或者自然人身份证明、公司住所证明，以及法定代表人、董事、监事的任职文件及其身份证明等文件，申请设立登记。以募集方式设立股份有限公司公开发行股票的，还应当向公司登记机关报送国务院证券监督管理机构的核准文件。

虽然《公司法》明确规定可以采用募集设立的方式设立股份有限公司，但是目前实践中股份有限公司一般只能采取发起设立的方式。因为中国证监会发布的《首次公开发行股票并上市管理办法》规定，首次公开发行股票的发行人应当是依法设立且合法存续的股份有限公司，持续经营时间应当在3年以上，除非经国务院批准。此外，有限责任公司依法变更为股份有限公司的，也须经国务院批准，才可以采取募集方式设立股份有限公司。因

此，除非经国务院批准，首次公开发行股票需在股份有限公司成立并持续经营3年以后。实践中以募集方式设立股份有限公司的，通常是国有企业经国务院批准改制为股份有限公司，首次公开发行股票并上市。

3. 发起人的义务和责任

股份有限公司发起人承担公司筹办事务。股份有限公司成立后，发起人未按照公司章程的规定缴足出资的，应当补缴，其他发起人承担连带责任。股份有限公司成立后，发现作为设立公司出资的非货币财产的实际价额显著低于公司章程所定价额的，应当由交付该出资的发起人补足其差额，其他发起人承担连带责任。

股份有限公司的发起人应当承担下列责任：公司不能成立时，对设立行为所产生的债务和费用负连带责任；公司不能成立时，对认股人已缴纳的股款，负返还股款并加算银行同期存款利息的连带责任；在公司设立过程中，由于发起人的过失致使公司利益受到损害的，应当对公司承担赔偿责任。

(三) 股份有限公司的组织机构

1. 股东大会

(1) 股东大会的性质与职权

股东大会由股份有限公司全体股东组成，是公司的权力机构，依法行使公司重大事项的决策权、批准权和选举董事、监事的权利。股东大会的具体职权与前文所述有限责任公司股东会的职权相同，除公司法和章程规定应由董事会行使的职权之外，公司重大事项皆由股东大会决议。由于股东大会是股份有限公司最高权力机构，它是一个表意机关，并不直接执行业务，股东大会依法形成的决议由董事会负责执行。

(2) 股东大会的召开

股东大会可分为股东大会年会和临时股东大会两种类型。股东大会年会应当每年召开一次，于每个会计年度结束后的一定期间举行，主要是董事会和监事会报告工作，并由股东大会对公司重大事项进行决议。临时股东大会则是由于法定事由的出现而临时不定期召开的股东大会。这些法定事由是：①董事人数不足公司法规定人数或者公司章程所定人数的2/3时；②公司未弥补的亏损达实收股本总额1/3时；③单独或者合计持有公司10%以上股份的股东请求时；④董事会认为必要时；⑤监事会提议召开时；⑥章程规定的其他情形。

股东大会会议由董事会召集，董事长主持；董事长不能履行职务或者不履行职务的，由副董事长主持；副董事长不能履行职务或者不履行职务的，由半数以上董事共同推举一名董事主持。董事会不能履行或者不履行召集股东大会会议职责的，监事会应当及时召集和主持；监事会不召集和主持的，连续90日以上单独或者合计持有公司10%以上股份的股东可以自行召集和主持。

召开股东大会会议，应当将会议召开的时间、地点和审议的事项于会议召开20日前通知各股东；临时股东大会应当于会议召开15日前通知各股东；发行无记名股票的，应当于会议召开30日前公告会议召开的时间、地点和审议事项。无记名股票持有人出席股东大会会议的，应当于会议召开5日前至股东大会闭会时将股票交存于公司。

（3）股东大会的议事规则

股东出席股东大会会议，所持每一股份有一表决权。但是，公司持有的本公司股份没有表决权。股东也可以委托代理人出席股东大会会议，由代理人向公司提交股东授权委托书，并在授权范围内行使表决权。股东大会做出决议，必须经出席会议的股东所持表决权过半数通过。但是，股东大会做出修改公司章程、增加或者减少注册资本的决议，以及公司合并、分立、解散或者变更公司形式的决议，必须经出席会议的股东所持表决权的2/3以上通过。股东大会应当对所议事项的决定做成会议记录，主持人、出席会议的股东应当在会议记录上签名。会议记录应当与出席股东的签名册及代理出席的委托书一并保存。

股东大会选举董事、监事，可以依照公司章程的规定或者股东大会的决议，实行累积投票制。累积投票制是指股东大会选举董事或者监事时，每一股份拥有与应选董事或者监事人数相同的表决权，股东拥有的表决权可以集中使用。

2. 董事会与经理

（1）董事会的性质和职权

董事会是股份有限公司的必设机关。董事会是由5~19名董事组成的，对内执行公司业务，对外代表公司的经营决策机构。董事会的任期与职权与前文所述有限责任公司董事会相同。董事会依法设董事长1名，副董事长1~2名，董事长和副董事长以全体董事的过半数选举产生。董事长召集和主持董事会会议，检查董事会决议的实施情况。副董事长协助董事长工作，董事长不能履行职务或者不履行职务的，由副董事长履行职务；副董事长不能履行职务或者不履行职务的，由半数以上董事共同推举一名董事履行职务。

（2）董事会会议

董事会为会议体机构，必须通过召开会议行使其职权。董事会会议根据会期之不同，分为定期董事会会议和临时董事会会议。定期董事会会议依法每年度至少召开两次，每次会议应当于会议召开10日前通知全体董事和监事；临时董事会会议则根据需要临时不定期召开，代表 1/10 以上表决权的股东、1/3 以上董事或者监事会，可以提议召开董事会临时会议。董事长应当自接到提议后 10 日内，召集和主持董事会会议。

董事会会议，应由董事本人出席；董事因故不能出席，可以书面委托其他董事代为出席，委托书中应载明授权范围。董事会会议应有过半数的董事出席方可举行。董事会决议的表决，实行一人一票。董事会做出决议，必须经全体董事的过半数通过。董事会应当对会议所议事项的决定做成会议记录，出席会议的董事应当在会议记录上签名。

董事应当对董事会的决议承担责任。董事会的决议违反法律、行政法规或者公司章程、股东大会决议，致使公司遭受严重损失的，参与决议的董事对公司负赔偿责任。但经证明在表决时曾表明异议并记载于会议记录的，该董事可以免除责任。

（3）经理

股份有限公司经理主持公司日常生产经营与管理。根据《公司法》的规定，股份有限公司经理由董事会决定聘任或者解聘，董事会成员可以担任。股份有限公司经理的职权与有限责任公司经理相同。

3. 监事会

现代股份有限公司的权力中心在董事会，且董事会权力越来越大，为了防止董事会滥用职权，损害公司利益和股东利益，股份有限公司必须依法设置监事会，对公司经营状况和财务状况进行监督。股份有限公司监事会成员不得少于 3 人，其中应包括股东代表和适当比例的职工代表，且职工代表的比例不低于 1/3。由于监事会是公司的监督机构，依法对董事和经理执行职务的情况进行监督，因此，《公司法》明文规定，公司董事、高级管理人员不得兼任监事。监事的任期为每届三年，届满可以连选连任。监事会设主席一人，可以设副主席。监事会主席和副主席由全体监事过半数选举产生。

监事会主席召集和主持监事会会议；监事会主席不能履行职务或者不履行职务的，由监事会副主席召集和主持监事会会议；监事会副主席不能履行职务或者不履行职务的，由半数以上监事共同推举一名监事召集和主持监事会会议。股份有限公司监事会的职权与有限责任公司监事会相同。监事会每六个月至少召开一次会议，会议决议应当经半数以上监事通过。

4. 上市公司的特别规定

上市公司是指所发行的股票经过证券交易所审核同意，公开上市交易的股份有限公司。上市公司是股份有限公司的一种，因其一部分股份为公众持有，股东人数众多，《公司法》及相关法律法规做了如下特别规定：

（1）增加股东大会特别决议事项

上市公司在一年内购买、出售重大资产或者担保金额超过公司资产总额的30%的，应当由股东大会做出决议，并经出席会议的股东所持表决权的2/3以上通过。

（2）上市公司设董事会秘书及独立董事

上市公司设董事会秘书，负责公司股东大会和董事会会议的筹备、文件保管及公司股权管理，办理信息披露等事宜。董事会秘书为公司高级管理人员。

上市公司独立董事是指不在公司担任除董事外的其他职务，并与其所受聘的上市公司及其主要股东不存在可能妨碍其进行独立客观判断的关系的董事。独立董事对上市公司及全体股东负有忠实和勤勉义务，应当认真履行职责，维护公司整体利益，尤其要关注中小股东的合法权益不受损害。独立董事应当独立履行职责，不受上市公司主要股东、实际控制人或者其他与上市公司存在利害关系的单位或个人的影响。上市公司董事会成员中应当至少包括三分之一独立董事，其中至少包括一名会计专业人士（会计专业人士是指具有高级职称或注册会计师资格的人士）。独立董事的任期与其他董事相同，期满可以连任，但连任不得超过六年。

为了充分发挥独立董事的作用，独立董事除应当具有《公司法》和其他相关法律、法规赋予董事的职权外，上市公司还应当赋予独立董事以下特别职权：①重大关联交易（指上市公司拟与关联人达成的总额高于三百万元或高于上市公司最近经审计净资产值的百分之五的关联交易）应由独立董事认可后，提交董事会讨论；②向董事会提议聘用或解聘会计师事务所；③向董事会提请召开临时股东大会；④提议召开董事会；⑤独立聘请外部审计机构和咨询机构；⑥可以在股东大会召开前公开向股东征集投票权。此外，独立董事对上市公司的重大事项如提名、任免董事，聘任或解聘高级管理人员，公司董事、高级管理人员的薪酬等发表独立意见。

（3）关联关系董事表决权排除制度

上市公司董事与董事会会议决议事项所涉及的企业有关联关系的，不得对该项决议行使表决权，也不得代理其他董事行使表决权。该董事会会议由过半数的无关联关系董事出席即可举行，董事会会议所做决议须经无关联关系董事过半数通过。出席董事会的无关联关系董事人数不足三人的，应将该事项提交上市公司股东大会审议。

（四）股份

股份，从公司资本的角度而言，是均分公司资本的基本单位，即股份有限公司的资本均分为若干等额股份，每一股股份就是一个资本单位，股东所持股份总额即公司股本总额；从股东角度而言，股份是股东享有权利与承担义务的基础和依据；从股票的角度而言，股份是股票的价值之所在，股票是股份的形式体现，也是证明股东所持股份的凭证，股份份数与每股之金额通过股票记载和表示，因此，人们往往把股票与股份视为一体，混同使用。综上所述，股份是以股票为表现形式，均等划分股份有限公司资本的，表示股东享有股东权利和承担义务的基本计量单位。股份具有金额性、平等性、不可再分性及可转让性。

股份有限公司的股东因其所持股份性质或股份数之不同，可相应分为普通股东、特别股东、记名股东、无记名股东、大股东、小股东、法人股东、个人股东等。

1. 股份的发行

股份有限公司股份的发行分为设立发行和新股发行。设立发行的条件和程序遵循公司设立的相关规定。根据我国《公司法》的规定，股份的发行，实行公平、公正的原则，同一种类的每一股份应当具有同等权利。股票发行价格可以按票面金额，也可以超过票面金额，但不得低于票面金额。公司发行新股募足股款后，必须向公司登记机关办理变更登记，并公告。

2. 股份的转让

公司不得收购本公司股份。但是，有下列情形之一的除外：①减少公司注册资本；②与持有本公司股份的其他公司合并；③将股份用于员工持股计划或者股权激励；④股东因对股东大会做出的公司合并、分立决议持异议，要求公司收购其股份；⑤将股份用于转换上市公司发行的可转换为股票的公司债券；⑥上市公司为维护公司价值及股东权益所必需。

除非在法定条件下公司回购本公司股份，否则，股份有限公司的股东在公司存续期间是不能退股的。

股东所持股份可依法转让。所谓股份的转让是指股东依照法定的方式和程序将其所持股份转移给受让人的法律行为。从经济学的角度来看，股份的转让是股东收回投资的一种方式；从法律的角度来看，股份的转让意味着股东权的转让，受让人继受取得股东权而成为公司股东。

股东转让其股份，应当在依法设立的证券交易场所进行或者按照国务院规定的其他方式进行。

股份转让的方式因股票记名与否而有所不同。其中，记名股票，由股东以背书方式或者法律、行政法规规定的其他方式转让，转让后由公司将受让人的姓名或者名称及住所记载于股东名册；无记名股票的转让，由股东将该股票交付给受让人后即发生转让的效力。公司向发起人、法人发行的股票，应当为记名股票，并应当记载该发起人、法人的名称或者姓名，不得另立户名或者以代表人姓名记名。

原则上，股东可依法自由转让股份，为了保护公众投资者和债权人的合法权益，《公司法》对特定股东转让股份做了限制性规定。如发起人持有的本公司股份，自公司成立之日起发起人持有的本公司股份，自公司成立之日起一年内不得转让，公司公开发行股份前已发行的股份，自公司股票在证券交易所上市交易之日起一年内不得转让；公司董事、监事、高级管理人员应当向公司申报所持有的本公司的股份及其变动情况，在任职期间每年转让的股份不得超过其所持有本公司股份总数的25%，所持本公司股份自公司股票上市交易之日起一年内不得转让；公司董事、监事、高级管理人员离职后半年内，不得转让其所持有的本公司股份。公司章程可以对公司董事、监事、高级管理人员转让其所持有的本公司股份做出其他限制性规定。

五、公司变更、解散与清算

（一）公司变更

1. 公司合并

现代社会经济飞速发展，市场竞争加剧，公司为了增强竞争力而相互合并已成为普遍存在的客观现象。公司合并，一方面可以优化社会资源的配置，促进经济发展和市场繁荣；另一方面也可能形成行业垄断，从而妨碍市场的公平竞争。因此，市场经济国家均以反垄断法对公司合并进行调控。我国《公司法》对公司合并的法律问题进行了专门规定。

（1）公司合并的概念和形式

所谓公司合并，是指两个或两个以上的公司为了生产经营管理的需要，依照法定程序归并为一个公司的法律行为。公司合并的形式有吸收合并与新设合并。

吸收合并又称为存续合并，是指一个公司吸收其他公司，被吸收的公司解散。新设合并又称为创设合并，是指参与合并的各方均解散，组建一个新的公司。

（2）公司合并的程序

公司合并应依照法定的程序进行：

首先由合并各方董事会拟订公司合并方案，提交股东会讨论。股东会做出公司合并的决议须经代表2/3以上表决权的股东通过；股东大会做出公司合并的决议须经出席会议的股东所持表决权的 2/3 以上通过。

股东会做出决议之后，合并各方经平等协商签订合并协议。然后编制资产负债表及财产清单。

为了保护债权人的合法权益，公司应当自做出合并决议之日起十日内通知债权人，并于 30 日内在报纸上公告。债权人自接到通知书之日起 30 日内，未接到通知书的自公告之日起四十五日内，可以要求公司清偿债务或者提供相应的担保。

实施合并之后，因合并而存续的公司，应当办理公司变更登记；因合并而解散的公司，应办理公司注销登记；因合并而新设的公司，应办理公司设立登记。此外，公司合并时，合并各方的债权、债务，应当由合并后存续的公司或者新设的公司承继。

2. 公司分立

公司分立是随着社会分工越来越精细而出现的一种社会现象，与公司的合并正好相反，公司分立通常是为了专业化、精细运作而将一个公司分解为两个或两个以上的公司。我国《公司法》对公司分立的形式没有做明确规定，但从国外法律规定及我国公司分立的实践来看，公司分立有派生分立和解散分立两种形式。

所谓派生分立，是指将原公司的资产和业务分出一部分或若干部分，组建成新的公司，而原公司继续存在的分立形式。解散分立，顾名思义，就是原公司解散，将其分解成两个或两个以上新的公司，原公司注销，新组建的公司依法登记成立。

公司分立的方向与公司合并正好相反，分立程序与公司合并大体相同。值得注意的是，公司分立与债权人合法权益密切相关，为了保护债权人合法权益，《公司法》明确规定："公司分立前的债务由分立后的公司承担连带责任。但是，公司在分立前与债权人就债务清偿达成的书面协议另有约定的除外。"

3. 公司增资、减资

公司的注册资本是公司登记事项之一，一经登记不得随意变更。

（1）公司增资

公司增加注册资本简称"增资"。公司增加资本虽然对债权人有利，但也可能给股东分红带来不利影响，因此，公司增加注册资本，应修改章程，并经股东会特别决议通过。有限责任公司增加注册资本，由股东依法认缴新增资本的出资；股份有限公司增加注册资本，可以采取发行新股、债转股及将资本公积金转增为注册资本等方式。

（2）公司减资

减少资本意味着降低了清偿债务的限度，无疑对债权人不利。因此，公司减少注册资本必须编制资产负债表及财产清单，且自做出减少注册资本决议之日起 10 日内通知债权人，并于 30 日内在报纸上公告。债权人自接到通知书之日起 30 日内，未接到通知书的自公告之日起 40 五日内，有权要求公司清偿债务或者提供相应的担保。

（二）公司解散与清算

公司依法成立后，不但会变更，而且会因为法定事由的出现或章程的规定而终止。但是，公司作为企业法人，其法律资格不像自然人那样随着身体的死亡而消失，而是依照法定程序处理完未了事务而消失。公司终止的正常程序是公司解散，破产是公司终止的特殊程序。

1. 公司解散的原因

《公司法》规定，公司因下列原因解散：①公司章程规定的营业期限届满或者公司章程规定的其他解散事由出现；②股东会或者股东大会决议解散；③因公司合并或者分立需要解散；④依法被吊销营业执照、责令关闭或者被撤销；⑤公司经营管理发生严重困难，继续存续会使股东利益受到重大损失，通过其他途径不能解决的，人民法院依持有公司全部股东表决权 10%以上的股东的请求予以解散。

2. 公司清算

（1）成立清算组

公司应在解散事由出现后 15 日内成立清算组予以清算。有限责任公司的清算组由股东组成，股份有限公司的清算组由董事或者股东大会确定的人员组成。

清算组在清算期间负责如下事务：清理公司财产，分别编制资产负债表和财产清单；通知、公告债权人；处理与清算有关的公司未了结的业务；清缴所欠税款及清算过程中产生的税款；清理债权、债务；处理公司清偿债务后的剩余财产；代表公司参与民事诉讼活动。清算期间，公司存续，但不得开展与清算无关的经营活动。《公司法》规定：清算组成员因故意或者重大过失给公司或者债权人造成损失的，应当承担赔偿责任。

（2）申报债权

清算组应当自成立之日起 10 日内通知债权人，并于 60 日内在报纸上公告。债权人应当自接到通知书之日起 30 日内，未接到通知书的自公告之日起 45 日内，向清算组申报其债权。债权人申报债权，应当说明债权的有关事项，并提供证明材料。清算组应当对债权进行登记。

在申报债权期间，清算组不得对债权人进行清偿。

（3）进行财产清算

清算组在清理公司财产、编制资产负债表和财产清单后，应当制订清算方案，并报股东会、股东大会或者人民法院确认。

公司财产在分别支付清算费用、职工的工资、社会保险费用和法定补偿金，缴纳所欠税款，清偿公司债务后的剩余财产，有限责任公司按照股东的出资比例分配，股份有限公司按照股东持有的股份比例分配。公司财产在未清偿债务前，不得分配给股东。清算组在清理公司财产、编制资产负债表和财产清单后，发现公司财产不足清偿债务的，应当依法向人民法院申请宣告破产。

公司进行清算时，不依法通知或者公告债权人的，由公司登记机关责令改正，对公司处以1万元以上10万元以下的罚款；隐匿财产，对资产负债表或者财产清单做虚假记载或者在未清偿债务前分配公司财产的，由公司登记机关责令改正，对公司处以隐匿财产或者未清偿债务前分配公司财产金额5%以上10%以下的罚款；对直接负责的主管人员和其他直接责任人员处以1万元以上10万元以下的罚款。

（4）编制清算报告，办理注销登记

公司清算结束后，清算组应当制作清算报告，报股东会、股东大会或者人民法院确认，并报送公司登记机关，申请注销公司登记，公告公司终止。

公司是企业的一种，作为典型的法人企业，公司具有其他企业类型难以比拟的优势。《公司法》是调整公司在设立、经营、变更、终止及其他有关公司的组织和活动的法律规范的总称。它以公司企业为调整对象，涉及公司内部关系和外部关系。我国《公司法》详细规定了公司人格否认制度、公司的名称、处所、公司的权利能力和行为能力、公司负责人的任职资格和义务、公司的财务、会计制度等。

第二节　企业法

一、企业法概述

（一）企业概述

1. 企业的概念

"企业"一词，源于英语中的"enterprise"，并由日本人将其翻译成汉字词而传入中国。enterprise 的原意是企图冒险从事某项事业，且具有持续经营的意思，后来引申为经营组织或经营体。

2. 企业的特点

（1）企业是按照一定方式有机结合起来的生产要素的集合

生产要素主要指人和物。其中人包括经营者和劳动者，而物则包含各种生产资料，例如机器、厂房、原材料等。单纯的人或者物都不可能构成企业，必须紧密结合并作为一个整体存在才构成一个企业；物被作为整体的企业所吸收而脱离消费领域，并在企业支配之下用于实现组建企业的宗旨；而人则被吸收成为企业的成员，代表企业为企业的利益进行相应的活动并由企业承担相应的后果。

（2）企业以生产经营和服务性活动为活动内容

从社会功能来说，企业的功能在于生产社会所需的商品，经营销售商品，并为生产生活提供相应的劳务或者服务。在法律上，企业必须具有明确的生产经营范围，并在企业的登记文件中明确载明。企业的生产经营必须合法，不从事法律法规禁止的或者危害国家、社会利益的行为。

（3）企业是营利性组织

企业作为市场竞争的主体，其建立的目的就在于利用群体优势集合投资者投资所形成的资本，通过生产经营实现资本增值，因此企业必然要努力提高经济效益，追逐利润。当然，企业在追求利益最大化的同时必须承担一定的社会责任，如正当竞争、尊重社会公益、保护环境等。

（4）企业具有一定的法律地位

企业一旦成立就在一定程度上独立于其设立人，从而成为一个独立的市场竞争主体。企业在生产经营活动中以企业的名义而不是以设立人的名义与外界发生各种联系，形成各种法律关系，由此而产生的法律责任也由企业来承担。当然，由于企业的组织方式不同，企业的独立程度不同，企业承担责任的方式也不相同。法人型企业独立性较高，在责任的承担上仅以法人财产为限；而合伙企业和个人独资企业相对于设立人的独立性就比较低，相应的，设立人对企业的责任也比较大，如设立人要为企业的债务承担连带责任。

（二）企业的分类

企业的分类标准决定了企业的类别，依据不同的标准可以对企业进行不同的分类，但是在一次分类当中必须依据一个统一的标准，切不可混合使用各种标准进行分类。

在市场经济中，企业是平等的竞争主体，不应因所有制结构的不同而存在地位的差别，而且对于市场交易而言，交易者最为关注，也最应当关注的乃是企业的出资方式、责任承担方式，以及企业在法律上的主体资格；况且按所有制结构确定类型是政治经济学的分类标准，这对于私法领域研究和处理交易对象之间的权利义务关系并无实质性意义，故本书主要依据世界上大多数国家所采用的按企业的组织方式进行分类。

企业组织方式是对企业出资方式和承担责任方式的总称。根据这一方式，企业可以分为个人独资企业、合伙企业和公司企业。

(三) 企业法的概念和法律渊源

法律渊源是法律规范存在的具体形式。在我国，企业法的渊源主要包括宪法、法律、行政法规、部门规章、地方性法规和规章及国际条约和惯例。

1. 宪法

宪法是我国的根本大法，由全国人民代表大会制定，具有最高的法律效力，任何法律法规不得与之相抵触。企业基本类型和管理制度是进行企业立法的基本原则和指导思想，也是我国企业法的重要渊源。

2. 法律

法律是由全国人民代表大会或者全国人民代表大会常务委员会制定的，前者制定的被称为基本法律，后者制定的则被称为一般法律，但二者在实施中的效力没有明显差别。其中针对企业的法律可分为两类：一类为调整经济关系的基本法律中有关企业的规定；另一类为专门的企业法。

3. 行政法规

行政法规是以宪法和法律为依据，由国务院制定的具有法律效力的规范性文件。行政法规在我国的企业法体系当中占有相当大的数量，其制定或者批准颁布的原因有三：第一，在经济建设和经济改革中，迫切需要对某类经济关系进行调整，但制定法律的时机尚不成熟，故先出台行政法规予以调整；第二，为保证现有法律的有效贯彻实施而制定有关的实施条例和实施细则；第三，在立法技术上，某些法律关系的规范调整没有必要由法律进行规定，而由行政立法加以规制即可。

4. 部门规章

部门规章是指由国务院各部委根据法律和《中华人民共和国国务院组织法》在本部门的权限内发布的命令、指示和规章。包括各部门单独制定发布的规章和若干部门联合发布的规章两种形式。部门规章在其权限范围内对企业具有拘束力。另外，不涉及国家规定实施准入管理措施的外商投资企业的设立及变更，由审批改为备案管理。

5. 地方性法规和规章

地方性法规是指省、自治区、直辖市人民代表大会及其常务委员会和经全国人大常委会授权享有地方立法权的经济特区的人大及其常务委员会制定的在该辖区内具有法律效力的法规。地方规章是指省会城市、自治区首府、直辖市的政府和经国务院批准的较大的市的人民政府制定的规范性文件。这些都是指地方的权力机关和人民政府，为保证有关法律法规在本地区的有效实施或者发展地方经济、招商引资，结合各地区特点，在与宪法和法律不相抵触的条件下制定的地方性规范文件。

6. 国际条约和惯例

国际条约是指由两个或两个以上国家缔结的规定政治、经济、文化、军事和法律等方面相互间的权利义务关系的协议。国际条约现在通常被认为是法律渊源。国际惯例是国际实践中反复使用而形成的具有固定内容的规则，也构成了我国的一种法律渊源。

二、中外合资经营企业法

（一）中外合资经营企业的概念

中外合资经营企业（以下简称"合营企业"）是指外国公司、企业、其他经济组织或个人（以下简称"外国合营者"），按照平等互利的原则，经中国政府批准，在中国境内与中国的公司、企业或其他经济组织（以下简称"中国合营者"）共同举办的企业。

（二）合营企业的法律特征

1. 由中外合营者共同举办

合营企业与国内一般的合营企业的重要区别在于合营的各方当中至少有一个或者一个以上的合营者来自中国大陆以外的国家或者地区。

2. 由合营各方共同投资

合营企业由合营各方共同投资举办，并且合营企业中外方合营者的投资比例不得低于合营企业注册资本的25%，这与外商独资企业有着明显的区别，因为后者的出资全部由外方（包括外国和港澳台地区）负担。

3. 合营企业由合营各方共同经营管理

作为国际直接投资的一种方式，合营各方均直接参与企业的经营管理，这与外方通过证券市场投资，控股某一国内企业的国际间接投资不同，在后一种情况下外方投资者不直接参与企业的经营管理。

4. 由合营各方共担风险、共负盈亏

合营企业采取有限责任公司的组织形式，合营各方按注册资本比例分享利润和分担风险及亏损。合营各方对合资企业的债务以其出资额为限承担责任。

（三）合营企业的设立

1. 审批制向备案制的转变

外商投资企业的设立和变更，不涉及国家规定实施准入特别管理措施的，即外商投资企业的设立和变更由原来的审批制变更为备案制。

国务院商务主管部门负责统筹和指导全国范围内外商投资企业设立及变更的备案管理工作。设立外商投资企业，属于规定的备案范围的，在取得企业名称预核准后，应由全体投资者（或外商投资股份有限公司的全体发起人，以下简称"全体发起人"）指定的代表或共同委托的代理人在营业执照签发前，或由外商投资企业指定的代表或委托的代理人在营业执照签发后30日内，通过综合管理系统，在线填报和提交相关文件，办理设立备案手续。备案管理的外商投资企业发生的变更事项涉及国家规定实施准入特别管理措施的，应按照外商投资相关法律法规办理审批手续。

2. 合营企业协议、合同和章程

合营企业协议是指合营各方对设立合营企业的某些要点和原则达成一致意见而订立的文件；合营企业合同是指合营各方为设立合营企业就相互权利、义务关系达成一致意见而订立的文件；合营企业章程是指按照合营企业合同规定的原则，经合营各方一致同意，规定合营企业的宗旨、组织原则和经营管理方法等事项的文件。可见，合营企业协议只是合营方就某些要点和合营意向达成的协议，合营企业合同是设立合营企业的全面、正式的合同性文件，两者约束的都是合营者，仙合营企业章程则是对合营企业的组织、经营活动做出的规定，主要约束合营企业及其经营者。

合营企业协议与合营企业合同有抵触时，以合营企业合同为准。经合营各方同意，也可以不订立合营企业协议，而只订立合营企业合同、章程。

(四) 合营企业的出资方式

合营者可以用货币出资，也可以用建筑物、厂房、机器设备或者其他物料、工业产权、专有技术、场地使用权等作价出资。货币以外的出资，其作价由合营各方按照公平合理的原则协商确定，或者聘请合营各方同意的第三者评定。

作为外国合营者出资的机器设备或者其他物料，应当是合营企业生产所必需的，并且机器设备或者其他物料的作价，不得高于同类机器设备或者其他物料当时的国际市场价格。作为外国合营者出资的工业产权或者专有技术，必须能显著改进现有产品的性能和质量，提高生产效率或者能显著节约原材料、燃料和动力。

作为外国合营者出资的机器设备或者其他物料、工业产权或者专有技术，还应当报审批机构批准。

(五) 合营企业的董事会和经营管理机构

董事会是合营企业的最高权力机构，决定合营企业的一切重大问题。董事会成员不得少于3人。董事名额的分配由合营各方参照出资比例协商确定。

上述案例中，双方可在确定机械设备与知识产权作价之后，就董事名额问题进一步协商，协商过程中可以考虑双方的出资比例。

董事长是合营企业的法定代表人。

合营企业设经营管理机构，负责企业的日常经营管理工作。经营管理机构设总经理1人，副总经理若干人，以协助总经理的工作。总经理的职权包括三个方面：①对上——执行董事会会议的各项决议；②对下——组织领导合营企业的日常经营管理工作，任免下属人员；③对外——在董事会授权范围内，对外代表合营企业，包括行使董事会授予的其他职权。

第四章 票据法与税法

第一节 票据法

一、票据与票据法概述

(一) 票据的概念和特点

票据有广义和狭义之分。广义的票据是指经济活动中所使用的代表一定财产权利的书面凭证,包括提单、仓单、存款单、债券、股票、汇票、本票、支票等;狭义的票据是指出票人依法签发的,承诺由自己或委托付款人在见票时或指定的日期向收款人或持票人无条件支付一定金额并可转让的有价证券。

我国《票据法》规定:"本法所称票据,是指汇票、本票和支票。"可见,我国《票据法》所指的票据是指狭义的票据。

票据是一种特殊的有价证券,其特点包括以下六方面。

1. 票据是金钱证券

票据所代表的权利是一种金钱给付请求权,无论是付款请求权还是追索权,内容都是要求票据债务人或其前手支付票面记载的金钱而非其他财产。

2. 票据是设权证券

与证权证券相对,证权证券是证明权利的存在,如仓单、提单;票据的出票人签发票据将创设一种债权,即持票人要求票据债务人给付票面金额的权利,因而是一种设权证券。

3. 票据是要式证券

票据必须符合法定的形式才能产生效力。无论是票据的用纸、签章、背书、承兑等,都有严格的形式要求,不符合法定形式的票据行为将导致票据无效或者被拒绝支付。

4. 票据是无因证券

票据的效力和票据签发的原因是相分离的,票据权利的存在和行使,不以签发票据的原因为要件,即便票据签发的原因不合法也不影响票据的效力,持票人行使票据权利也不需要证明取得票据的原因。

5. 票据是文义证券

票据权利人与债务人、票据上的权利义务、票据的有效期等都是由票据上记载的文字来确定的,任何人不能根据票据记载事项以外的因素改变票据的法律关系。

6. 票据是流通证券

流通性是票据的基本特征,票据的产生原本就是基于资金流转便捷和安全的需求,票据可以根据法定的方式自由流通。

(二)票据的功能

1. 票据的支付功能

票据是以货币的替代物形式出现的一种金融支付工具。票据的使用可以减少商人之间大笔货币交易的不便和风险。票据作为货币的替代物,能使人们在日常生活中不必每天随身携带货币,而只须带上自己的个人票据,从而使人们免受抢劫、盗窃等非法侵害。

2. 票据的汇兑功能

异地交易现已成为世界各国商业活动的普遍形式。异地交易令商人头疼的是大笔资金的转移及兑换问题,而票据的票面可以不受限制地记载票据金额及币种,因此,票据可以解决商人之间的现金转移困难问题。

3. 票据的信用功能

票据的最大功能还在于其信用功能。票据出票人可以在没有完全拥有从事商业交易的全部资金的情况下,根据对自身信用的判断,提前消费。例如,使用远期汇票的当事人可以在实际支付发生前先享用票据对价的收益。票据的信用功能还体现在其解决多重债务的能力上,票据不仅能处理两方当事人之间的债权债务关系,还可以处理三方当事人之间的债权债务关系。

4. 票据的融资功能

随着银行、金融业的发展,票据的融资功能得以充分应用和发展。票据的融资功能体现在票据可以单独为金融业融资业务提供便利条件,票据的贴现业务为融资的进行提供了便利通道。目前，世界各国银行及商务界都充分使用票据开展票据质押及票据贴现业务进行融资。

5. 票据的结算功能

随着票据在世界各国的普遍应用发展，票据结算业务也得以快速发展，票据的交换系统得以系统化、规模化建立，方便了来自各国、不同种类的票据结算，提高了票据的使用效率，方便了票据的国内、国际流通。

(三) 票据的种类

世界各国的票据法关于票据种类的规定并不一致，总体上讲，有三种主要分类方式：第一，票据包括汇票和本票，而将支票单独立法。第二，票据包含汇票、本票及支票三种类型。第三，票据包含汇票、本票、支票及存款证书四种。

(四) 票据法概述

1. 票据法的概念和特点

(1) 票据法

票据法是调整票据关系的法律规范的总称。广义的票据法是指涉及票据关系调整的各种法律规范，既包括专门的票据法律、法规，也包括其他法律、法规中有关票据的规范。一般意义上所说的票据法是指狭义的票据法，即专门的票据法规范，它是规定票据的种类、形式和内容，明确票据当事人之间的权利、义务，调整因票据而发生的各种社会关系的法律规范。

由于票据最初只通行于商人之间，票据行为是一种商业行为，因此以前许多国家都是在商法典中规定票据的，票据法因而成为商法的一个组成部分。在现代，许多国家将票据从商法典中独立出来，制定了专门的票据法，票据法在立法上取得了独立地位。在现代社会中，虽然票据的使用范围已不限于商人或企业，但是商人和企业在商事交易中使用票据仍然属于最普遍的情形。因此本书认为，票据法属于商法范畴，是以规范票据关系为对象的特别商法。

(2) 票据法的特点

第一，票据法是技术性规范。

第二，票据法是强制性规范。

第三，票据法具有国际统一性。

2. 票据法律关系

票据法律关系是指票据当事人之间基于票据的签发和流转所发生的权利义务关系，包括票据关系和票据法上的非票据关系。票据法律关系区别于票据的基础关系，票据的基础关系是票据行为人之间发生票据法律关系的原因或前提，是民法上的普通债权债务关系，包括票据的原因关系、资金关系等。《票据法》规定："票据的签发、取得和转让，应当遵循诚实信用的原则，具有真实的交易关系和债权债务关系。"该条强调票据签发的原因关系，但票据是无因证券，一旦发出就与其原因关系相脱离，只有在特殊情况下，票据的原因关系才在具有直接债权债务关系等特定的当事人之间发挥作用。

票据关系是指票据当事人之间基于票据行为所发生的票据权利义务关系，包括出票人与收款人之间、收款人与付款人之间、背书人与被背书人之间的关系等。从票据基本当事人的角度来看，由于汇票、本票、支票基本当事人不同，各票据基本当事人之间的票据关系也有所区别：①汇票的基本当事人包括出票人、持票人和付款人，因此，汇票关系就包括该三方当事人之间的关系。②本票的基本当事人是出票人和持票人，因此，本票关系就包括该双方当事人之间的关系。③支票的基本当事人是出票人、持票人和出票人委托的付款银行，因此，支票关系就包括该三方当事人之间的关系。除了上述基本当事人之外，由于票据的背书、保证等行为又产生了其他当事人，因而票据关系又包括背书转让关系、保证关系等。

票据法上的非票据关系是指由票据法明确规定的，但不是基于票据行为而发生的法律关系。如正当权利人对于因恶意或重大过失而取得票据的人行使票据返还请求权所发生的法律关系；因时效届满而丧失票据权利的持票人对出票人和承兑人行使清偿请求权所发生的法律关系；等等。

二、票据行为

（一）票据行为的概念及要件

1. 概念

票据行为是指依照票据法实施的以发生票据权利义务为目的的法律行为。票据行为是一种法律行为，必须符合法定的形式和其他要件。我国《票据法》规定的票据行为包括：①出票，即票据出票人签发票据并将其交付给收款人的票据行为；②背书，即在票据背面或粘单上记载有关事项并签章的票据行为；③承兑，即汇票付款人承诺在汇票到期日支付汇票金额的票据行为；④保证，即票据债务人以外的人为担保票据债务的履行而在票据上表明担保关系并签章的票据行为。

2. 要件

（1）一般要件

①行为人具有完全民事行为能力

《票据法》规定："无民事行为能力人或者限制民事行为能力人在票据上签章的，其签章无效，但是不影响其他签章的效力。"可见，票据行为人应当具有完全民事行为能力。票据行为人的行为能力基本适用民法关于自然人行为能力的规定，但在法律后果上，《票据法》的规定与民法的规定略有出入。一般的民事法律行为，如果行为人欠缺行为能力将导致行为的无效或效力待定，票据行为中，虽然欠缺行为能力的当事人签章无效，即其本人的票据行为无效，但不影响票据本身的效力和其他有行为能力的当事人合法签章的效力。

②行为人的意思表示真实

《票据法》规定："以欺诈、偷盗或者胁迫等手段取得票据的，或者明知有前列情形，出于恶意取得票据的，不得享有票据权利。持票人因重大过失取得不符合本法规定的票据的，也不得享有票据权利。"票据行为人的意思表示原则上也应当适用民法关于意思表示的规定，但票据法为了促进票据的流通，保护善意第三人的合法权益，往往规定了行为的"外观主义"，也就是说只要行为人的行为符合票据法规定的形式要件，即便票据记载事项中并未反映行为人的真实意思，也只在特定的当事人之间产生影响，不影响善意第三人的票据权利。

③行为内容合法

票据行为的内容必须符合法律、法规的规定。《票据法》规定："票据活动应当遵守法律、行政法规，不得损害社会公共利益。"

④行为形式合法

《票据法》对于票据行为的形式有明确规定，包括两方面。A. 签章。《票据法》上的签章是指签名、盖章或签名加盖章。法人和其他使用票据的单位在票据上的签章，为该法人或者该单位的盖章加其法定代表人或者其授权的代理人的签章，在票据上的签名，应当为该当事人的本名。B. 记载事项及其更改。票据上的记载事项分为法定绝对必要记载事项、相对必要记载事项和非法定记载事项。法定绝对必要记载事项是指《票据法》规定票据必须具备的内容，法定绝对必要记载事项的欠缺将导致票据无效；相对必要记载事项是指《票据法》规定可以记载可以不记载的事项，相对必要记载事项欠缺可以直接适用票据法中关于该记载事项的规定；非法定记载事项是指《票据法》没有规定的记载事项，非法定记载事项记载于票据上不产生票据法上的效力。由于汇票、本票、支票法定绝对必要记载事项有区别，在此，只介绍所有票据统一的法定绝对必要记载事项记载要求。《票据法》规定：票据金额以中文大写和数码同时记载，二者必须一致，二者不一致的票据无效。票据上的记载事项必须符合本法的规定。

票据的金额、日期、收款人名称不得更改，更改的票据无效；对票据上的其他记载事项，原记载人可以更改，更改时应当由记载人签章证明。

（2）特殊要件

①书面

票据行为是产生票据权利的法律行为，因而法律要求票据行为必须以书面方式做出。各国均要求，出票、背书、承兑、保证等各种票据行为均须以书面为之。对此，我国《票据法》规定：汇票、本票、支票的格式应当统一。票据凭证的格式和印制管理办法，由中国人民银行规定。

②签章

大多数国家的票据法仅要求签名，我国《票据法》则要求签章。签名是票据应记载的事项之一，也是票据行为人承担票据责任的必要表示方法。各国《票据法》都规定，任何一种票据行为均应由行为人在票据上签名。签名分自然人签名和法人签名。自然人签名必须是行为人在票据上亲自书写自己的姓名。我国《票据法》规定，票据上自然人的签名应为当事人的本名。而国外对此规定较为宽松，可以用笔名、艺名、雅号等，亦可只签姓或只签名，只要能表明是签名人自己的文字记载就产生签名的效力。不过，在使用支票时，由于使用支票的人必须在银行预留印鉴，故支票上的签名必须与预留签名一致，否则将导致银行拒付支票款项。关于法人的签章，一般认为，须由法人的代表人签名或盖章并且记载法人的名称和代表法人的意旨方可。

我国《票据法》规定：票据上的签章，为签名、盖章或者签名加盖章；法人和其他使用票据的单位在票据上的签章，为该法人或者该单位的盖章加其法定代表人或者其授权的代理人的签章；在票据上的签名，应当为该当事人的本名。

③记载事项

根据记载事项的效力不同，可分为必要记载事项、任意记载事项、禁止记载事项和不产生票据法效力的记载事项。必要记载事项，是指依《票据法》规定必须记载的事项。根据记载后的效力，又分为绝对必要记载事项和相对必要记载事项。

绝对必要记载事项是指依《票据法》规定必须记载，如不记载，票据即归无效的事项。综合各国《票据法》的规定，这类事项主要包括四项：表明票据种类的文句、确定的金额、无条件付款的委托文句或无条件支付的承诺文句、出票日期。我国《票据法》将汇票的绝对必要记载事项规定为7项，除前述4项外，还有收款人名称、付款人名称和出票人签章。本票和支票则规定为6项，除前述4项外，还有收款人名称和出票人签章，支票有付款人名称和出票人签章。

相对必要记载事项是指《票据法》规定必须记载，如未记载，则以《票据法》的规定为准。我国《票据法》规定：汇票的付款日期、付款地、出票地为相对必要记载事项；汇票未记载付款日期的，为见票即付；未记载付款地和出票地的，以付款人和出票人的营业场所、住所或居住地为付款地和出票地。

任意记载事项，是指记载与否由票据当事人决定，若不记载，票据仍然有效，若记载，也发生《票据法》上的效力。从立法体例来看，各国《票据法》一般是将这类事项规定在汇票、本票及支票分则中。例如，汇票发票人可以记载预备付款人、禁止背书等。我国《票据法》规定：出票人在汇票上记载"不得转让"字样的，汇票不得转让。

禁止记载事项，又称不得记载事项，即记载于票据上，使记载本身或票据归于无效的事项。

根据记载所导致的效力不同，可将禁止记载事项分为记载无效的事项与使票据无效的事项。记载无效的事项，又称记载无益事项，是指虽被记载于票据但该记载本身无效的事项。该事项在《票据法》上视为未记载，但并不影响票据的效力。例如，我国《票据法》规定："背书不得附有条件。背书时附有条件，所附条件不具有汇票上的效力。"使票据无效的事项，又称记载有害事项，是指被记载于票据将导致整个票据无效的事项。例如，汇票出票人记载"货到验收合格后付款"或"见我电报付款"。此类附条件事项，不仅使记载本身无效，也使整个票据归于无效。

（二）票据行为的代理

1. 票据代理的发生条件

第一，签章代理人应当在票据上签章，否则，票据可能因欠缺法定绝对必要记载事项而无效。代理人直接以本人的名义在票据上签章，没有代理人的签章。如果代理人经本人授权，则构成票据代行。如果未经本人授权，则构成票据伪造。

在票据代行的情形下，代行人不以自己的名义，而直接以被代行人的名义即票据行为人的名义，为相应的票据行为。因此，对于票据行为的相对方及第三人而言，票据代行人所为的票据行为，当然即为票据行为人本人的行为，其票据责任自应由本人承担。

第二，表明代理关系。代理人应当在票据上表明自己与被代理人之间的代理关系，明确表明自己作为代理人的身份和经过被代理人授权为被代理人代理的意思。民法上代理人的代理行为能否对本人直接发生效力，必须以代理人代理权是否存在为判断标准。票据行为的代理，也应以代理权的存在为前提。因此，所谓票据代理的实质要件，是指票据代理人依法或依本人授权而取得的代理权。票据代理的实质要件，《票据法》未做明确规定。应该适用民法上有关代理权的有关规定。票据代理人只有在代理权范围内，以本人即被代理人的名义所为的票据行为，其效力才由本人承担。票据代理人必须在代理权的范围内行使代理权方能有效，否则构成无权代理或越权代理。

2. 无权代理、越权代理的法律后果

（1）无权代理

票据无权代理是指行为人在未被他人授予票据代理权的情况下，以他人为被代理人，以自己为代理人，表明代理意思，记载票据法规定的事项，并自己签章于票据上的行为。票据无权代理在形式上表现为票据代理，即票据代理的形式要件符合票据法的规定，但代理人没有经过被代理人的授权，其代理缺乏实质要件。因此，不能有效成立票据代理。我国《票据法》规定："没有代理权而以代理人的名义在票据上签章的，应当由签章人承担票据责任。"可见票据无权代理发生时，票据责任由无权代理人承担。

显然，《票据法》规定的票据无权代理的这一法律后果，与民法上无权代理的法律后果有较大差别。民法规定的无权代理的法律后果，实际上使法律行为的效力取决于被代理人的意思。而且，在被代理人追认之前，代理行为处于效力未定的状态。如果将民法上无权代理法律后果的这种规定，适用到票据法中，是极不利于票据流通的安全的。所以，《票据法》没有赋予被代理人的事后追认权，而是直接规定了票据无权代理的后果由无权代理人自己承担。

根据《票据法》的规定，无权代理人对无权代理的后果负责，无权代理人的责任内容应该是被代理人在无权代理人有权代理时所应负担的票据上的责任。

（2）越权代理

越权代理，是指有权代理人超越其代理权限进行的票据代理。

依民法上广义之无权代理，越权代理也是一种无权代理，故代理人超越代理权限所为票据代理行为，属于无代理权。

尽管如此，越权代理仍有别于根本没有代理权的无权代理：从其构成要件看，与狭义无权代理之区别是，越权代理人有代理权但超越了代理权；就其责任分配而言，不同的立法因其价值取向的不同，有不同的规定。

分析我国《票据法》关于越权代理人就其超越权限的部分承担票据责任的规定，其合理性和不足之处都比较突出。其合理性主要是，正确区分有权代理和越权代理，使越权代理人对有权代理部分不负不应有之票据责任，仅就自己越权之不当行为承担责任，符合民法上过失责任之原理。

这一规定的不足之处在于，给持票人追究代理人越权责任造成一定麻烦。发生越权代理时，持票人须分清越权性质、越权金额等。还有，在程序上，是仅得以越权代理人为被诉人，还是可将被代理人与代理人列为共同被诉人，现行有关法律无明晰规定，适用法律时易生模糊。

三、票据权利与抗辩

(一) 票据权利的概念和类型

票据权利是指持票人向票据债务人请求支付票据金额的权利，包括付款请求权和追索权。付款请求权是持票人在票据到期时向付款人要求支付票面金额的权利。追索权是持票人在票据未获承兑或未获付款时请求出票人保证人或其前手等支付票面金额及相关费用的权利。学理上将票据的付款请求权称为"第一次请求权"，把追索权称为"第二次请求权"。由于持票人基于票据而享有的基本权利就是要求票据债务人付款，因而，付款请求权是"第一次请求权"，只有在付款请求权落空的情况下持票人方能行使追索权。追索权的存在有赖于付款请求权的存在，因而是"第二次请求权"。

(二) 票据权利的取得

1. 票据权利的原始取得

(1) 依出票而取得票据权利

票据是"设权证券"，出票人的出票行为可以设定收款人的票据权利。

因出票而取得票据权利的，出票行为必须符合《票据法》规定的条件和形式，同时收款人取得票据也是基于合法行为，不能违反法律法规的强制性规定而取得票据。

(2) 善意取得票据权利

持票人从无票据处分权的人手中善意、无过失地受让票据，依法也享有票据权利。我国《票据法》规定的票据权利善意取得必须满足以下条件：①转让票据的人是无票据处分权的人。所谓无处分权，包括各种依法占有票据但无处分权的情况，如保管他人票据、拾得他人遗失的票据等；以及非法取得票据的情况，如欺诈、胁迫、盗窃、恶意、重大过失等取得票据的。②受让人善意、无过失。受让人在从无权处分人处取得票据时，并不知道其无权处分。③取得方式合法。受让人从无权处分人处通过背书或交付的方式取得票据，从外观上看背书和交付并无瑕疵。

2. 票据权利的继受取得

票据权利的继受取得是指受让人从票据权利人处依法定方式和程序取得票据享有票据权利。继受取得的方式包括权利人背书转让、无记名票据的依法交付、票据的赠与、继承及因企业合并等取得票据。须注意以下三点。

第一，原则上，取得票据必须支付对价。《票据法》规定："票据的取得，必须给付对价，即应当给付票据双方当事人认可的相对应的代价。"

第二，因特殊情况取得票据可以不支付对价，但其票据权利受限制。因税收、继承、赠与等可以依法无偿取得票据，不受给付对价的限制。但是，所享有的票据权利不得优于其前手的权利。

第三，非法、恶意或重大过失取得票据，不享有票据权利。《票据法》规定："以欺诈、偷盗或者胁迫等手段取得票据的，或者明知有前列情形，出于恶意取得票据的，不得享有票据权利。持票人因重大过失取得不符合本法规定的票据的，也不得享有票据权利。"

（三）票据权利的行使、保全与消灭

1. 票据权利的行使

票据权利的行使是指持票人向债务人要求履行票据债务的行为。行使票据权利包括行使付款请求权和行使追索权。票据付款请求权行使的对象主要是票据付款人，在未获票据付款的情况下，票据出票人应当承担最终责任。票据追索权行使的对象是持票人的前手，包括出票人在内。

2. 票据权利的保全

票据的保全是指票据权利人为防止票据权利丧失而实施的行为。票据权利可因时效、被他人行使等原因而丧失，因此，持票人为了防止丧失票据权利，应当采取必要行为对权利进行保全。保全行为包括提示票据、做成拒绝证明等。提示票据是指在法律规定的期限内，持票人向票据债务人出示票据，要求其履行票据债务。做成拒绝证明，是指持票人提示票据之后被拒绝承兑或被拒绝付款的情况下，请求承兑人或付款人出具拒绝承兑或拒绝付款的书面证明。

根据《票据法》的规定，票据权利的行使和保全应当在当事人的营业时间内、在票据当事人的营业场所进行；票据当事人无营业场所的，在其住所进行。

3. 票据权利的消灭

票据权利的消灭是指票据权利因法定事由的出现而归于终止。票据权利消灭的法定事由包括：已经依法付款、被追索人清偿票据金额及相关费用、票据时效期限届满、保全手续欠缺等。根据我国《票据法》的规定，票据权利在下列期限内不行使而消灭。

第一，持票人对票据的出票人和承兑人的权利，自票据到期日起2年见票即付的汇票、本票，自出票日起2年。该条规定是针对持票人的付款请求权。

第二，持票人对支票出票人的权利，自出票日起6个月。该条规定是针对支票持票人的付款请求权。

第三，持票人对前手的追索权，自被拒绝承兑或者被拒绝付款之日起6个月。

第四，持票人对前手的再追索权，自清偿日或者被提起诉讼之日起3个月。

上述第三种和第四种所指的追索权，不包括对票据出票人的追索权。

(四) 票据权利救济

1. 挂失止付

挂失止付是指失票人将票据丢失的情况通知付款人，请求付款人暂停支付票据金额的救济方法。我国《票据法》规定："票据丧失，失票人可以及时通知票据的付款人挂失止付，但是，未记载付款人或者无法确定付款人及其代理付款人的票据除外。收到挂失止付通知的付款人，应当暂停支付。"根据我国《票据管理实施办法》的规定，付款人或代理付款人收到挂失止付通知书，应当立即暂停支付，付款人或代理付款人自收到付款通知书之日起12日内没有收到人民法院的止付通知书的，自第13日起，挂失止付通知书失效。根据上述规定可见，挂失止付救济方法适用的票据范围不包括未记载付款人或无法确定付款人及其代理付款人的票据，因为这类票据可能是无效票据或者虽为有效票据，但无法通知付款人暂停付款。同时，挂失止付通知有效力期限，最长为12天。当事人在挂失止付之后，还应当向法院依法申请公示催告或提起诉讼。

2. 公示催告

(1) 失票人申请

失票人可以直接向法院提出公示催告的申请，也可以在挂失止付后3日内向法院提出公示催告申请，公示催告申请由票据支付地的基层人民法院受理。根据不同的票据种类，票据支付地有所不同：银行汇票以出票人所在地为支付地；商业汇票以承兑人或付款人所在地为支付地；银行本票以出票人所在地为支付地；支票以出票人开户银行所在地为支付地。失票人向人民法院递交公示催告申请书时，应当写明票面金额、出票人、持票人、背书人等主要内容和申请的理由以及事实等。

（2）法院受理并发出止付通知和公告

在法院决定受理申请之后，应当同时向付款人及代理付款人发出止付通知，并自立案之日起 3 日内发出公告。付款人接到止付通知后，应当停止支付，直到公示催告程序终结。同时，法院应当在受理申请后 3 日内在全国性的报刊上刊登公告，要求利害关系人限期申报票据权利。公示催告的期间不少于 60 日，最长不超过 90 日。

（3）利害关系人申报权利，法院裁定终结公示催告程序

如果法院收到利害关系人关于票据权利的申报，应当通知申请人在指定的期间内审查票据，如果公示催告的票据与利害关系人出示的票据不一致，法院应裁定驳回利害关系人的申报。如果审查确为催告的票据，应裁定终结公示催告程序。

（4）除权判决

如果公示催告期满没有利害关系人申报权利，公示催告申请人可以从公告期满次日起一个月内申请法院做出判决，宣告所失票据无效。法院判决做出后应当公告并通知付款人。判决生效后，申请人有权依据该除权判决向付款人请求付款或向其他票据债务人行使追索权。

3. 诉讼

诉讼是指失票人直接向法院提起民事诉讼要求法院判决付款人向其支付确定金额的票据权利补救措施。我国《票据法》规定："失票人应当在通知挂失止付后 3 日内，也可以在票据丧失后……向人民法院提起诉讼。"我国《民事诉讼法》详细规定了相关的诉讼程序。对此需要注意的是：①失票人在法院起诉时，应当提供所失票据的有关书面证明；②失票人在起诉时应当提供相应的担保；③在诉讼期间，如果有人持票申领票款，付款人应当暂不付款，说明情况并及时通知失票人和法院。

（五）票据抗辩

1. 票据抗辩的类型

（1）物的抗辩

所谓物的抗辩是指因为票据本身或票据行为不合法，票据债务人因而享有对抗一切持票人票据权利的权利。由于物的抗辩是客观原因引起的，因而又被称为客观抗辩或绝对抗

辩。其最大特点在于抗辩事由是基于票据本身效力的瑕疵问题，这种抗辩事由可以用于对抗所有的持票人。物的抗辩根据抗辩权人的范围不同又可分为两种：包括所有票据债务人享有的抗辩和特定票据债务人享有的抗辩。

①所有票据债务人享有的抗辩

具体包括以下两点。

A. 票据记载事项不合法

根据我国《票据法》的规定，但凡票据欠缺绝对必要记载事项、签章不合法、金额记载不合法、票据更改不合法的均导致票据无效，持票人不享有票据权利。根据《票据法》的规定，汇票必须记载的绝对记载要件有 7 项，分别是：a. 表明"汇票"的字样；b. 无条件支付的委托；c. 确定的金额；d. 付款人名称；e. 收款人名称；f. 出票日期；g. 出票人签章。如果汇票欠缺其中任何一项，汇票无效。

B. 票据未到期

票据上记载着到期日，未到期债务人可以拒绝承担票据债务。例如，《票据法》规定，票据权利在下列期限内不行使而消灭：a. 持票人对票据的出票人和承兑人的权利，自票据到期日起 2 年。见票即付的汇票、本票，自出票日起 2 年；b. 持票人对支票出票人的权利，自出票日起 6 个月；c. 持票人对前手的追索权，自被拒绝承兑或者被拒绝付款之日起 6 个月；d. 持票人对前手的再追索权，自清偿日或者被提起诉讼之日起 3 个月。

②特定票据债务人享有的抗辩

第一，无行为能力或限制行为能力人在票据签章后，持票人向该行为人主张票据权利时，该行为人可以其欠缺票据行为能力为由主张抗辩。当然该行为人所为的票据行为的无效不影响其他在票据上签章的行为人所为行为的效力，其他人仍得依票据文义对持票人负责，故这种抗辩权只能由特定的人行使。《票据法》规定："无民事行为能力人或者限制民事行为能力人在票据上签章的，其签章无效。"

需要注意的是：在民法中，区分无民事行为能力和限制行为能力有意义，限制行为能力人所为的与其年龄、智力、精神状态等相应的行为属于有效行为；而在《票据法》上，这种区分没有意义，无论是完全无民事行为能力人还是限制行为能力人，所为的票据签章行为统统无效。

第二，票据变造所产生的抗辩。《票据法》规定："票据上其他记载事项被变造的，在变造之前签章的人，对原记载事项负责；在变造之后签章的人，对变造之后的记载事项负责；不能辨别是在票据被变造之前或者之后签章的，视同在变造之前签章。"即是说，如果票据上记载的债务人是在票据被变造之前签章的，而持票人向其主张按照变造后的文义承担票据责任时，则该票据债务人可以主张抗辩。

第三，票据上记载的债务人是被他人无权代理的或越权代理的。《票据法》规定："没有代理权而以代理人名义在票据上签章的，应当由签章人承担票据责任；代理人超越代理权限的，应当就其超越权限的部分承担票据责任。"即是说，在发生无权代理时，应当由无权代理人自负票据责任；发生越权代理时，越权代理人应当对越权部分承担票据责任。上述情形发生时，票据上记载的债务人作为无权代理和越权代理行为中的被代理人可以在相应的票据责任范围内以自己没有进行相应授权为由对持票人进行抗辩。

（2）人的抗辩

A. 所有票据债务人享有的抗辩

具体而言包括以下三点：a. 持票人不具备票据权利的受领资格。如持票人与票据上记载的持票人非为同一人、持票人拾得票据之后冒充收款人骗领票据金额等。b. 持票人取得票据欠缺合法形式。如持票人取得背书不连续的票据。c. 票据债权人丧失受偿能力。如作为票据债权人的法人被宣告破产、自然人丧失行为能力之后作为债权人请求行使票据权利的。

B. 特定票据债务人享有的抗辩

具体而言包括以下几点：a. 票据原因关系无效。在票据签发和转让的直接当事人之间，如果签发或转让票据的原因无效，则签发或转让票据的当事人可以对抗与其有直接债权债务关系的持票人的票据权利。a. 对价欠缺或未履行直接当事人之间的约定。如果转让票据时，受让人没有支付相应对价取得票据或者没有履行与转让人之间约定的合同义务，则转让票据的当事人可以对抗直接受让人的票据权利。c. 非法取得票据。如果持票人通过欺诈、胁迫、盗窃等方式取得票据，与该持票人直接发生关联的票据债务人享有对抗持票人票据权利的抗辩，但这种抗辩事由不能对抗善意第三人。d. 恶意取得票据的。《票据法》规定，明知前手是以欺诈、盗窃或胁迫手段取得票据的，也不得享有票据权利，因此，受害的票据债务人不仅可以对抗非法取得票据的持票人的票据权利，还可以对抗恶意取得票据的持票人的票据权利。e. 无偿取得票据的。《票据法》规定，因税收、继承、赠与等无偿取得票据的持票人所享有的票据权利不得优于其前手。因此，如果持票人的前手因对价欠缺或其他原因受到抗辩时，持票人也须承受该抗辩。

（2）票据抗辩的限制

票据功能是通过票据能够安全地流通而实现的。设立票据抗辩的目的不在于给票据的流通设置障碍，而是为了从公平角度保护票据债务人的利益。但为了防止票据抗辩的不当使用，《票据法》也对票据抗辩设置了合理的限制。

票据抗辩与一般民事抗辩的不同之处，就在于《票据法》对于票据抗辩规定了一定的限制，这就是所谓的"票据抗辩切断制度"。票据抗辩的限制或者说票据抗辩的切断，是指将抗辩事由限制在票据债务人与其直接相对人之间；善意受让票据的持票人，不受票据债务人与其直接相对人之间的抗辩事由的影响。物的抗辩是随票据本身而发生并存在的，无论票据转让到谁，这种抗辩都是随票据而存在的，所有票据债务人都可以此对抗一切票据债权人，因此《票据法》不对该类抗辩实行限制。而在人的抗辩中，对于直接当事人之间的抗辩也不能限制，因为在票据关系中的直接当事人与票据关系对应的原因关系中的当事人具有同一性，此时票据关系与票据原因关系发生牵连重合。《票据法》规定："票据债务人不得以自己与出票人或者与持票人的前手之间的抗辩事由，对抗持票人。但是，持票人明知存在抗辩事由而取得票据的除外。"该条规定主要体现以下要点：

①票据债务人不得以自己与出票人之间的抗辩事由对抗持票人

如此规定是票据无因性原理的体现。票据签发并投入流通后，票据关系与票据基础关系相分离。票据出票人与票据收款人之间存在票据原因关系，这个票据原因关系实质上是一种民事合同关系。作为民事合同的当事人，即票据关系中的出票人和收款人，他们之间极有可能因为民事合同的履行瑕疵而产生民事合同上的抗辩行为。但是，该抗辩权不能对抗对此不知情的支付了对价的善意持票人。

②票据债务人不得以自己与持票人的前手之间的抗辩事由对抗持票人

这里所说的持票人的前手是指在持票人之前签章的其他票据债务人。前手是一个较为宽泛的概念，票据的多数当事人之间，法律依照他们之间的相互位置划分为前手与后手，前手与后手之间的关系是债权债务关系。持票人的前手实际上即是持票人的债务人，可以为直接前手，也可以是非直接前手；可以是一人，也可以是数人。票据可能经过多次转让，在持票人之前签章的票据债务人往往很多，即作为持票人前手而存在的票据债务人很多，在错综复杂的票据关系或者非票据关系中，被要求承担票据责任的特定债务人极有可能与持票人的某一前手之间存在着特定的抗辩事由，票据抗辩的限制性规定即是不允许该票据债务人利用此类抗辩事由来主张免责。

对于票据抗辩的限制也存在反限制的情形，也就是说不允许票据债权人滥用票据抗辩限制条款。如果持票人获取票据之前明知存在抗辩事由，那就不能运用票据抗辩切断原理对抗票据债务人。

四、票据的伪造与变造

(一) 票据伪造

1. 票据伪造的概念及构成要件

票据伪造是指假冒他人名义或者虚构名义从事票据行为的非法行为。包括假冒他人名义或虚构名义实施出票、背书、承兑、保证等行为。

票据伪造是一种不法行为,伪造票据者,应依其行为情节之轻重,分别依法承担行政的、刑事的法律责任,给他人造成损失的,还应负民事责任。

票据伪造是一种故意的违法行为,不存在过失。从学理研究方面分析归纳票据伪造的构成要件,对票据法学和票据实务及票据案件的审判,具有重要价值。票据伪造有以下四个要件:

(1) 行为人实施了假冒或虚构的行为

行为人采用盗用、仿制他人的签章等方式假冒他人签章或者虚构原本不存在的当事人签章实施了票据行为。行为人假冒他人名义出票或在票据上签章,是票据伪造的前提条件。应当区分票据伪造与无权代理。无权代理是无代理权的人以代理人名义在票据上签章,票据上虽有被代理人名称之记载或者签章,但因有无权代理人以代理人名义之签章,票据文义之外观表明了代理关系,无权代理之行为即截然区别于票据伪造行为。

伪造的具体做法,可以是盗用他人印章、仿制他人印章或制作并无其人之印章而签章等各种假冒手段。

(2) 从形式上看,行为人的行为是合法的

如果从行为的外观来判断,具备法律规定的票据行为的法定形式。伪造行为在外观上符合票据行为的法定形式,才能产生票据行为的效力。如果不具备票据行为的合法形式,就不能构成票据行为,亦无从形成票据伪造。

(3) 行为人的目的是骗取钱财

行为人之所以伪造票据,目的在于骗取他人财物。票据是金钱债券,持有票据能够获得票面金额,伪造票据的,因票据具备合法之形式要件,伪造者可以从付款人处骗取金钱。

票据是支付工具,伪造人可以持伪造之票据作为购物之付款,骗取他人物品。

票据为流通证券,伪造的票据因形式合法,善意受让人无从知晓其伪造事实,伪造人可以通过转让向善意受让人收取对价。

总之，伪造人实施伪造行为，主观上正是为达到骗取他人财物之目的。

（4）行为人将伪造的票据转让给他人

只有伪造的票据转让给他人之后才可能达到其骗取财物的目的。伪造人将伪造的票据转手，才能取得票据利益，实现其骗取财物的目的，如果伪造之票据不转手，其伪造行为便不产生损害他人之效果，也难以认定其有无伪造行为。

票据转手，或由出票，或由背书，或将无记名之票据交付受让人，也可以是请求付款。只要将伪造之票据转手，就构成应负法律责任的票据伪造行为。在这个基础上，可以将票据伪造行为分解成两步：一是假冒他人名义实施记载行为；二是假冒该被假冒者的名义将票据交付他人。

2. 票据伪造的法律后果

（1）对伪造人的法律后果

由于票据伪造人是假冒他人签章或者虚构签章，因此，票据上没有伪造人本人的签章，伪造人并不承担票据责任，但依法应当承担民事责任、行政责任或刑事责任。行为人伪造票据的应当承担刑事责任但情节轻微，不构成犯罪的，依照国家有关规定给予行政处罚；给他人造成损失的应当依法承担民事责任。

（2）对被伪造人的法律后果

由于被伪造人自己并没有依法签章，因此，被伪造人也不承担票据责任。同时由于其名义被假冒，被伪造人可以依法要求伪造人承担侵权责任。

（3）对伪造票据上真实签章人的法律后果

根据票据行为的独立性原则，如果伪造的票据上有真实签章的，伪造的签章并不影响真实签章的效力，因而，真实签章的行为人应当对自己的票据行为承担责任。当然，由于伪造人的行为造成了真实签章人的损失，真实签章人可以要求伪造人承担赔偿责任。

（4）对持票人的法律后果

如果持票人是恶意的，依法不享有票据权利；但如果持票人是善意的，则享有对伪造人要求民事赔偿的权利，如果在票据上有真实签章的行为人，善意持票人享有向真实签章人追索的权利。

（5）对付款人的法律后果

如果付款人在付款时，按照法律规定对票据上的签章、背书连续性、提示付款人的身份证明等进行了常规审查，没有恶意或重大过失的，不承担责任；但如果付款人在付款时存在恶意或重大过失的，则应当自行承担责任。

（二）票据变造

1. 票据变造的概念及构成要件

（1）票据变造的概念

票据的变造，是指无更改权的人不法变更票据上签章之外的事项的行为。例如持票人擅自改写票据上已有之金额记载，改写到期日等。

票据变造是违反票据法的行为，各国票据法都不允许变造票据。我国《票据法》规定，票据上的记载事项应当真实，不得变造；变造的，应当承担法律责任。该法规定，变造票据的法律责任包括刑事责任、行政责任和民事责任。在刑法上，相应规定了变造票据应承担的具体的刑事责任。

（2）票据变造的构成要件

第一，行为人是没有更改权限的人。这一点，是票据变造和票据更改的根本区别。《票据法》上，赋予原记载人票据更改权，允许原记载人更改票据上自己记载的、法律允许更改的事项。如我国《票据法》规定，原记载人可以更改除了票据金额、日期、收款人名称之外的其他事项，并签章证明。除了原记载人之外，其他人无权更改。

第二，行为人更改的是签章以外的其他记载事项。如果行为人更改的是签章，则直接构成票据伪造而非变造。这一点，是票据变造和票据伪造的根本区别。变造人的目的，不是为了假冒他人名义，而是意在改变票据文义所表示的票据权利义务，如将票据金额改变加大，将到期日变造提前等。如果有假冒他人名义、改变票据上签章的行为，应以票据伪造对待。

票据变造和票据伪造虽同为不法行为，但发生的效果却有不同：票据变造的，变造之前的签章人就原记载事项负责，变造之后签章的人，对变造后的记载事项负责；票据伪造的，真实签章人就票据文义负责而不论其签章于伪造之前后。

票据变造的具体方式，包括无更改权的人改变票据上的记载事项或者涂销票据上的记载事项。相反，票据权利人涂销票据记载事项的，发生抛弃票据上部分权利或者全部权利的效果，不属于票据变造。

第三，行为人变造票据的目的是改变票据上原来记载事项所表彰的票据权利义务，如增加票据金额、更改票据到期日等。

2. 票据变造的法律后果

（1）变造后票据的效力

变造后的票据仍然有效。在票据上签章的票据行为人根据签章时间的不同承担不同的票据责任。

（2）对变造人的法律后果

票据的变造同样是非法行为，根据《票据法》的规定，行为人变造票据的应当承担刑事责任；但情节轻微，不构成犯罪的，依照国家有关规定给予行政处罚；给他人造成损失的，应当依法承担民事责任。

（3）对票据上签章人的法律后果

根据《票据法》的规定，票据上其他记载事项被变造的，在变造之前签章的人，对原记载事项负责；在变造之后签章的人，对变造之后的记载事项负责；不能辨别是在票据被变造之前或者之后签章的，视同在变造之前签章。

五、汇票、本票和支票

（一）汇票

1. 汇票的概念及种类

汇票是出票人签发的，委托付款人在见票时或者在指定日期无条件支付确定的金额给收款人或者持票人的票据。

根据不同的标准可以把汇票划分为不同的类型。

（1）根据到期日的远近，将汇票分为即期汇票和远期汇票

即期汇票即见票即付的汇票。这种汇票无须记载到期日，只要持票人向付款人提示付款，付款人就应当付款。远期汇票是票据上记载的出票日与付款日之间有一定的时间间隔。根据付款日记载的不同方式，远期汇票又分为定日付款、出票后定期付款和见票后定期付款三种。

（2）记名汇票和无记名汇票

记名汇票是指出票时记载了收款人姓名或名称的汇票，这种汇票的转让必须通过背书的方式。无记名汇票是出票时没有记载收款人姓名或名称的汇票，无记名汇票的转让无须背书，只要交付给受让人即可。我国《票据法》不承认无记名汇票，汇票的收款人是绝对必要记载事项，出票时绝对必要记载事项欠缺将导致汇票无效。

（3）根据出票人的不同，将汇票分为银行汇票和商业汇票

根据《支付结算办法》的规定，银行汇票是出票银行签发的，由其在见票时按照实际结算金额无条件支付给收款人或持票人的票据。银行汇票的出票人就是付款人。商业汇票是由商业机构签发的，由银行或银行以外的其他人作为承兑人和付款人的汇票。商业汇票又分为商业承兑汇票和银行承兑汇票。商业承兑汇票是由收款人签发的，经过付款人承兑或者由付款人签发并承兑的汇票。银行承兑汇票是由出票人签发的，由银行予以承兑的汇票。

2. 出票

出票是指出票人签发票据并将其交付给收款人的票据行为。出票包括出票人做成票据和向收款人交付票据两种行为。

3. 出票的要求

（1）出票的基础关系

《票据法》规定："汇票的出票人必须与付款人具有真实的委托付款关系，并且具有支付汇票金额的可靠资金来源。不得签发无对价的汇票用以骗取银行或者其他票据当事人的资金。"

（2）出票的记载事项

①绝对必要记载事项

《票据法》规定，汇票必须记载下列事项：表明"汇票"的字样；无条件支付的委托；确定的金额；付款人名称；收款人名称；出票日期；出票人签章。汇票上未记载上述事项之一的，汇票无效。

②相对必要记载事项

《票据法》规定："汇票上记载付款日期、付款地、出票地等事项的，应当清楚、明确。汇票上未记载付款日期的，为见票即付。汇票上未记载付款地的，付款人的营业场所、住所或者经常居住地为付款地。汇票上未记载出票地的，出票人的营业场所、住所或者经常居住地为出票地。"

③非法定记载事项

《票据法》规定："汇票上可以记载本法规定事项以外的其他出票事项，但是该记载事项不具有汇票上的效力。"所谓法律规定的其他记载事项是指与出票有关的，但不属于《票据法》规定的绝对必要记载事项和相对必要记载事项的范畴，因而即便记载在票据上也不发生票据上的效力。比如，关于出票原因的记载，关于持票人特征的记载等。

4. 出票的效力

(1) 对出票人的效力

出票人签发票据后,即承担保证该票据承兑和付款的责任。如果持票人被拒付或拒绝承兑,出票人应当向持票人清偿票据上的金额及相关费用。

(2) 对收款人的效力

出票后,收款人即成为票据的持票人和债权人,取得票据的付款请求权。在未获付款或未获承兑时,享有对包括出票人在内的前手的追索权。

(3) 对付款人的效力

出票对付款人的效力因汇票是即期汇票还是远期汇票而有所区别。如果是即期汇票,出票之后付款人即负有支付票款的义务;如果是远期汇票,出票之后,付款人仅具有了承兑和付款的资格。

5. 背书

(1) 转让背书

是指以转让票据权利为目的的背书。包括:①一般转让背书,是指在票据的到期日前以在票据背面或粘单上记载有关事项转让票据权利的行为。②特殊转让背书,是指在背书时由于记载有特定事项而在效力上与一般转让背书有区别。具体包括:A. 禁止转让背书。即票据背书人在背书时记载了"不得转让"字样的背书。根据《票据法》的规定,如果票据上记载有"不得转让"字样,则该票据不可背书转让。如果其后手再背书转让的,原背书人对后手的被背书人不承担保证责任。但如果出票人在汇票上记载"不得转让"字样的,该汇票不得转让。如果收款人转让该票据,受让人也不享有票据权利。B. 期后背书。即票据被拒绝承兑、拒绝付款或超过付款提示期限之后所做的背书。根据《票据法》的规定,如果票据被拒绝承兑、被拒绝付款或者超过付款提示期限的,不得背书转让;背书转让的,背书人应当承担票据责任。C. 回头背书。即以票据上的债务人为被背书人的转让背书,又被称为"逆背书"。根据《票据法》的规定,如果持票人为出票人的,对其前手无追索权;如果出票人为背书人的,对其后手无追索权。

(2) 非转让背书

是指非以转让票据权利为目的的背书。包括:①委托收款背书。即背书人背书的目的在于让被背书人代为收取票据款项。《票据法》规定:"背书记载委托收款字样的,被背书人有权代背书人行使被委托的汇票权利。但是,被背书人不得再以背书转让汇票权利。"②设质背书。即背书人背书的目的在于用票据为被背书人设定质权。《票据法》规定:

"汇票可以设定质押；质押时应当以背书记载质押字样。被背书人依法实现其质权时，可以行使汇票权利。"

背书的记载事项及限制包括以下两点。

①背书的记载事项

根据《票据法》的规定，背书的记载事项包括：A. 背书人签章；B. 背书日期，背书未记载日期的视为在汇票到期日前背书；C. 被背书人名称，汇票以背书转让或者以背书将一定的汇票权利授予他人行使时，必须记载被背书人名称。

②背书的限制

我国《票据法》对背书做了以下限制：A. 背书不得附有条件。背书时附有条件，所附条件不具有票据上的效力。B. 禁止部分背书及分别背书。将票据金额的一部分转让的背书或者将票据金额分别转让给两人以上的背书无效。

一般转让背书的效力包括以下三点：

第一，转让权利的效力。背书之后，被背书人取得票据的所有权及票据上的其他一切权利。

第二，担保的效力。背书之后，背书人对其后手承担担保承兑和担保付款的责任。

第三，证明的效力。持票人通过背书的连续性证明自己票据权利的合法性和正当性。《票据法》规定："以背书转让的汇票，背书应当连续。持票人以背书的连续，证明其汇票权利；非经背书转让，而以其他合法方式取得汇票的，依法举证，证明其汇票权利。"所谓背书连续，是指在票据转让中，转让票据的背书人与受让票据的被背书人在票据上的签章依次前后衔接。以背书转让的票据，后手应当对其直接前手背书的真实性负责。

6. 承兑

承兑是汇票特有的票据行为。承兑是指汇票付款人承诺在汇票到期日支付汇票金额的票据行为。

承兑的效力主要是针对付款人而言的。付款人承兑之后，即成为票据债务人负有在持票人到期提示付款时必须无条件支付票据记载的金额的责任。在持票人因超过票据时效期间丧失票据权利时，承兑人仍然负有返还持票人票据上记载的金额的义务。

根据所持汇票类型的不同，持票人应在特定的时间向付款人提示承兑，所谓提示承兑是指持票人向付款人出示汇票，并要求付款人承诺付款的行为。汇票未按照规定期限提示承兑的，持票人丧失对其前手的追索权。

7. 保证

保证是指票据债务人以外的人为担保票据债务的履行而在票据上表明担保关系并签章

的票据行为。

保证的记载事项包括以下三点：

（1）绝对必要记载事项

保证人必须在汇票或者粘单上记载下列事项：表明"保证"的字样；保证人名称住所；被保证人的名称；保证日期；保证人签章。

（2）相对必要记载事项

保证人在汇票或者粘单上未记载被保证人名称的，已承兑的汇票，承兑人为被保证人；未承兑的汇票，出票人为被保证人。保证人在汇票或者粘单上未记载保证日期的，出票日期为保证日期。

（3）禁止记载事项

即保证不得附有条件；附有条件的，不影响对汇票的保证责任。

保证的效力在于以下两方面。

第一，保证人的责任。①保证人对合法取得汇票的持票人所享有的汇票权利，承担保证责任。但是，被保证人的债务因汇票记载事项欠缺而无效的除外。②被保证的汇票，保证人应当与被保证人对持票人承担连带责任。汇票到期后得不到付款的，持票人有权向保证人请求付款，保证人应当足额付款。③保证人为两人以上的，保证人之间承担连带责任。

第二，保证人清偿债务后的权利：保证人清偿汇票债务后，可以行使持票人对被保证人及其前手的追索权。

8. 付款

付款是票据的付款人向持票人支付票据金额，使票据关系归于消灭的行为。付款的程序如下：

（1）持票人提示付款

《票据法》规定："持票人应当按照下列期限提示付款：①见票即付的汇票，自出票日起一个月内向付款人提示付款；②定日付款、出票后定期付款或者见票后定期付款的汇票，自到期日起10日内向承兑人提示付款。持票人未按照前款规定期限提示付款的，在做出说明后，承兑人或者付款人仍应当继续对持票人承担付款责任。"

（2）付款人审查

《票据法》规定："付款人及其代理付款人付款时，应当审查汇票背书的连续，并审查提示付款人的合法身份证明或者有效证件。付款人及其代理付款人因恶意或者重大过失付款的，应当自行承担责任。"

（3）付款根据

《票据法》规定，持票人依法提示付款的，付款人必须在当日足额付款。持票人获得付款的，应当在汇票上签收，并将汇票交给付款人。持票人委托银行收款的，受委托的银行将代收的汇票金额转账收入持票人账户，视同签收。付款的效力在于付款人依法足额付款后，全体汇票债务人的责任解除，票据关系归于消灭。

9. 追索

追索是指汇票持票人被拒绝承兑、被拒绝付款或有其他法定原因时，向其前手或其他票据债务人请求偿还票据金额、利息及有关费用的行为。追索权是持票人的票据权利之一。

行使追索权的原因包括以下两点：

第一，到期追索。汇票到期被拒绝付款的，持票人可以对背书人、出票人及汇票其他债务人行使追索权。

第二，未到期追索。汇票到期日前，有下列情形之一的，持票人也可以行使追索权：①汇票被拒绝承兑的；②承兑人或者付款人死亡逃匿的；③承兑人或者付款人被依法宣告破产的或者因违法被责令终止业务活动的。

追索权的行使方法如下：

（1）程序

①按规定期限提示承兑或提示付款

根据《票据法》的规定，汇票未按照规定期限提示承兑的，持票人丧失对其前手的追索权。持票人不能出示拒绝证明退票理由书或者未按照规定期限提供其他合法证明的，丧失对其前手的追索权。可见，持票人要行使追索权，必须按照规定提示承兑或提示付款。

②取得有关证明

持票人行使追索权时，应当提供被拒绝承兑或者被拒绝付款的有关证明。持票人提示承兑或者提示付款被拒绝的，承兑人或者付款人必须出其拒绝证明，或者出具退票理由书。未出具拒绝证明或者退票理由书的，应当承担由此产生的民事责任。持票人因承兑人或者付款人死亡、逃逸或者其他原因，不能取得拒绝证明的，可以依法取得其他有关证明。

③发出追索通知

持票人应当自收到被拒绝承兑或者被拒绝付款的有关证明之日起 3 日内，将被拒绝事由书面通知其前手；其前手应当自收到通知之日起 3 日内书面通知其再前手。持票人也可以同时向各汇票债务人发出书面通知。该书面通知中应当记明汇票的主要记载事项，并说明该汇票已被退票。未按照规定期限通知的，持票人仍可以行使追索权。因延期通知给其前手或者出票人造成损失的，由没有按照规定期限通知的汇票当事人，承担对该损失的赔偿责任，但是所赔偿的金额以汇票金额为限。在规定期限内将通知按照法定地址或者约定的地址邮寄的，视为已经发出通知。

（2）追索的对象和金额

①持票人追索的对象包括汇票的出票人、背书人、承兑人和保证人。持票人可以不按照汇票债务人的先后顺序，对其中任何一人、数人或者全体行使追索权。持票人为出票人的，对其前手无追索权。持票人为背书人的，对其后手无追索权。

②金额

持票人行使追索权，可以请求被追索人支付下列金额和费用：A. 被拒绝付款的汇票金额；B. 汇票金额自到期日或者提示付款日起至清偿日止，按照中国人民银行规定的利率计算利息，取得有关拒绝证明和发出通知书的费用。

10. 再追索权

再追索权是被持票人追索的票据债务人在清偿债务后所享有的向其他票据债务人要求清偿票据金额及相关费用的权利。《票据法》规定，被追索人清偿债务后，与持票人享有同一权利。

被追索人依法清偿债务后，可以向其他汇票债务人行使再追索权，请求其他汇票债务人支付下列金额和费用：①已清偿的全部金额；②前项金额自清偿日起至再追索清偿日止，按照中国人民银行规定的利率计算利息；③发出通知书的费用。行使再追索权的被追索人获得清偿时，应当交出汇票和有关拒绝证明，并出具所收到利息和费用的收据。

（二）本票

1. 本票的出票

本票的出票是指出票银行依法签发本票并将其交付给收款人的票据行为。本票的记载事项有以下两方面：

（1）绝对必要记载事项

本票必须记载下列事项：①表明"本票"的字样；②无条件支付的承诺；③确定的金额；④收款人名称；⑤出票日期；⑥出票人签章。本票上未记载上述规定事项之一的，本票无效。

（2）相对必要记载事项

本票上记载付款地、出票地等事项的，应当清楚、明确；本票上未记载付款地的，出票人的营业场所为付款地。本票上未记载出票地的，出票人的营业场所为出票地。

出票的效力体现在以下两方面：

①对持票人的效力

持票人取得票据权利，对出票人享有付款请求权和追索权。

②对出票人的效力

出票人因出票行为负有向持票人无条件付款的票据责任。

2. 本票的付款

第一，持票人提示见票。《票据法》规定："本票自出票日起，付款期限最长不得超过两个月。"因此，本票的持票人必须在出票日起2个月内向出票人提示见票，否则就将丧失对出票人以外的前手的追索权。

第二，付款。本票的出票人在持票人提示见票时，必须承担付款的责任。

有关本票的出票、背书、保证、付款行为和追索权的行使，除了《票据法》关于本票的特殊规定之外，适用《票据法》有关汇票的规定。

（三）支票

1. 支票的概念及分类

支票是出票人签发的，委托办理支票存款业务的银行或者其他金融机构在见票时无条件支付确定的金额给收款人或者持票人的票据。我国《票据法》根据支付方式的不同，将支票分为普通支票、现金支票和转账支票。所谓现金支票是指只能用于支取现金的支票；转账支票是指只能用于转账，不得用于支取现金的支票；普通支票则既可以支取现金，也可以转账。

2. 支票的出票

支票的出票是指在银行或其他金融机构开立支票存款账户的人签发支票并交付给收款人的票据行为。

（1）出票的条件

①出票人须开立支票存款账户

支票的出票人必须在办理支票存款业务的银行或其他金融机构开立支票存款账户。《票据法》对开立支票存款账户做了明确要求：开立支票存款账户，申请人必须使用其本名，并提交证明其身份的合法证件，开立支票存款账户，申请人应当预留其本名的签名式样和印鉴。支票的出票人不得签发与其预留本名的签名式样或者印鉴不符的支票。

②出票人与委托付款人之间有资金关系，并有足额资金

《票据法》要求开立支票存款账户和领用支票，应当有可靠的资信，并存入一定的资

金。支票的出票人所签发的支票金额不得超过其付款时在付款人处实有的存款金额。出票人签发的支票金额超过其付款时在付款人处实有的存款金额的，为空头支票。禁止签发空头支票。

（2）记载事项

①绝对必要记载事项

支票必须记载下列事项：A. 表明"支票"的字样；B. 无条件支付的委托；C. 确定的金额；D. 付款人名称；E. 出票日期；F. 出票人签章。支票上未记载上述事项之一的，支票无效。但对于支票的金额和收款人名称，《票据法》规定可以由出票人授权补记。出票人也可以在支票上记载自己为收款人。

②相对必要记载事项

支票上未记载付款地的，付款人的营业场所为付款地。支票上未记载出票地的，出票人的营业场所、住所或者经常居住地为出票地。如果出票人没有在支票上记载收款人的，推定出票人自己为收款人。

③禁止记载的事项

我国《票据法》规定，支票限于见票即付，不得另行记载付款日期。另行记载付款日期的，该记载无效。

（3）出票的效力

①对收款人或持票人的效力

支票上记载的收款人因此享有支票的票据权利，包括付款请求权和追索权。

②对出票人的效力

出票人必须按照签发的支票金额承担保证向该持票人付款的责任。

③对付款人的效力

出票人在付款人处存有足额资金的，付款人应当在当日足额付款。出票行为负有在见票时向持票人无条件支付票据金额的责任。

3. 支票的付款

（1）持票人提示付款

支票的持票人应当自出票日起10日内提示付款；异地使用的支票，其提示付款的期限由中国人民银行另行规定。超过提示付款期限的，付款人可以不予付款；付款人不予付款的，出票人仍应当对持票人承担票据责任。

（2）出票人付款及其责任

出票人在付款人处的存款足以支付支票金额时，付款人应当在当日足额付款。付款人依法支付支票金额的，对出票人不再承担受委托付款的责任，对持票人不再承担付款的责任。但是，付款人以恶意或者有重大过失付款的除外。

4. 其他准用有关汇票的规定

支票的出票、背书、付款行为和追索权的行使，除了《票据法》有关支票的专门规定外，适用《票据法》有关汇票的规定。

六、涉外票据的法律适用与票据法律责任

（一）涉外票据的法律适用

1. 票据适用的法律原则

（1）国际条约优先适用的原则

《票据法》规定，中华人民共和国参加或缔结的国际条约同本法有不同规定的，适用国际条约的规定。凡是国际条约的缔约国和参约国，均奉行一个通用的准则，即"国际条约优先适用"原则。按照这一原则，当国内法与缔结或者参加的国际条约不一致时，除保留条款外，优先适用该国际条约。我国的上述规定遵守了这一原则。但是，我国目前尚未参加专门性的票据国际条约，本条款规定是指向将来的。

（2）保留条款例外的原则

这是"国际条约优先适用"原则的补充。因为缔结或参加国际条约出于相关国家的自愿，国际条约为尽可能吸引更多国家参加进来，允许缔约国或参约国保留个别条款。

（3）国际惯例补充适用原则

《票据法》规定，本法和中华人民共和国缔结或参加的国际条约没有规定的，可以适用国际惯例。国际惯例是指在国际票据往来中长期形成并被普遍认可的习惯做法。国际惯例在涉外票据中的适用，要以当事人事先约定或事后认可为条件，不当然产生对相关当事人的效力，这也是国际上普遍认可的。

2. 涉外票据法律适用的具体规定

（1）票据债务人的民事行为能力确定依据

票据债务人的民事行为能力适用其本国法律。如依照其本国法律为无民事行为能力或者为限制民事行为能力但依照行为地法律为完全民事行为能力的，适用行为地法律。

（2）票据记载事项确定依据

汇票、本票出票时的记载事项，适用出票地法律。支票出票时的记载事项，适用出票地法律；经当事人协议，也可以适用付款地法律。

(3) 票据行为的适用依据

票据的背书、兑、付款和保证行为，适用行为地法律；票据追索权的行使期限，适用出票地法律；票据的提示期限、有关拒绝证明的方式、出具拒绝证明的期限，适用付款地法律；票据丧失时，失票人请求保全票据权利的程序，适用付款地法律。

(二) 票据法律责任

票据法律责任系票据活动当事人因违反票据法等法律而依法应当承担的相应法律责任，包括民事责任、行政责任和刑事责任。

第一，票据欺诈行为依法追究刑事责任，如情节轻微，不构成犯罪的，依照国家有关规定给予行政处罚，票据欺诈行为包括：伪造、变造票据的；故意使用伪造、变造的票据的；签发空头支票或者故意签发与其预留的本名签名式样或者印鉴不符的支票，骗取财物的；签发无可靠资金来源的汇票、本票，骗取资金的；汇票、本票的出票人在出票时做虚假记载，骗取财物的；冒用他人的票据或者故意使用过期或者作废的票据，骗取财物的。付款人同出票人、持票人恶意串通，实施上述六项行为之一的依法追究刑事责任。

第二，金融机构工作人员在票据业务中玩忽职守，对违反票据法规定的票据予以承兑、付款或者保证的，给予处分；造成重大损失，构成犯罪的，依法追究刑事责任。如果给当事人造成损失的，由该金融机构和直接责任人员依法承担赔偿责任。

第三，票据的付款人对见票即付或者到期的票据，故意压票，拖延支付的，由金融行政管理部门处以罚款，对直接责任人员给予处分。给持票人造成损失的，还应依法承担赔偿责任。

第四，依照《票据法》规定承担赔偿责任以外的其他违反票据法规定的行为，给他人造成损失的，应当依法承担民事责任。

第二节　税法

一、税法概论

(一) 税收

税收是国家为满足社会公共需要，凭借社会公共权力，强制地、无偿地参与社会产品或国民收入分配。税收作为财政收入的重要来源，对国家基础设施建设，公共物品提供及社会医疗教育有着重要作用；税收还是收入再分配的重要手段，特别是个税，更与民众的日常生活息息相关。此外，税收对于保护和改善环境、减少污染物排放、实现高质量发展意义重大。税收具有强制性、无偿性、固定性三个基本特征。

与税收规范筹集财政收入的形式不同，费是政府有关部门为单位和居民个人提供特定服务，或被赋予某种权利而向直接受益者收取的代价。税和费的区别主要表现在：首先，主体不同。税收的主体是国家，税收管理的主体是代表国家的税务机关、海关或财政部门，而费的收取主体多是行政事业单位、行业主管部门等。其次，特征不同。税收具有无偿性，纳税人缴纳的税收与国家提供的公共产品和服务之间不具有对称性。费则通常具有补偿性，主要用于成本补偿的需要，特定的费与特定的服务往往具有对称性。税收具有稳定性，而费则具有灵活性。税法一经制定，对全国具有统一效力，并相对稳定；费的收取一般由不同部门、不同地区根据实际情况灵活确定。最后，用途不同。税收收入由国家预算统一安排，用于社会公共需要支出，而费一般具有专款专用的性质。

（二）税法

税法是国家制定的用以调整国家与纳税人之间在征纳税方面的权利和义务关系的法律规范的总称。

税法有广义与狭义之分。广义的税法是指国家立法机关、政府及其有关部门制定的有关税收方面的法律、法规、规章等的总称；狭义的税法则仅指国家立法机关或其授权制定的税收法律，即严格意义上的税法。

（三）税收法律关系

1. 税收法律关系概念

税收法律关系是指税法所确认和调整的国家与纳税人之间、国家和国家之间及各级政府之间，在税收分配过程中形成的权利与义务关系，国家征税与纳税人纳税，形式上是利益分配的关系，但经过法律明确其双方的权利和义务后，就上升为一种特定的法律关系。

2. 税收法律关系的构成

税收法律关系由主体、客体和内容三个方面组成，与其他法律关系相比，有其特有的规定性。

（1）主体

税收法律关系的主体是在税收法律关系中享有权利和承担义务的当事人，有征税主体和纳税主体两个方面。具体而言，征税主体是代表国家行使征税职责的国家行政机关，包括国家各级税务机关、海关和财政机关；纳税主体是指依法履行纳税义务的人，包括法人、自然人和其他组织，在华的外国企业、组织、外籍人、无国籍人，以及在华虽然没有机构、场所但有来源于中国境内所得的外国企业或组织。我国对于税收法律关系中纳税主体的确定，采取属地兼属人的原则。

(2) 客体

税收法律关系的客体是税收征纳双方的权利和义务共同指向的对象，即征税对象。例如，所得税法律关系客体就是生产经营所得和其他所得，财产税法律关系客体就是财产等。

(3) 内容

税收法律关系的内容是税收征纳双方各自所享有的权利和各自应承担的义务，它是税收法律关系中最本质的规定，是税法的灵魂。税收法律关系的内容规定征纳双方各自可以有哪些行为，不可以有哪些行为，以及违反规定所需承担的法律责任。

具体而言，税务机关的权利主要表现在依法进行税务管理、征收税款、税务检查及对违法者进行处罚。义务主要是向纳税人宣传、咨询、辅导解读税法，及时足额解缴税款，依法受理纳税人对税收争议的申诉等。纳税人的权利主要有多缴税款退还权、延期纳税权、依法申请减免税权、请求国家赔偿权、申请行政复议和提起诉讼权等。义务主要是按税法规定办理税务登记、进行纳税申报、接受税务检查、依法缴纳税款等。

3. 税收法律关系的产生、变更与消灭

税法是引起税收法律关系的前提条件，但税法本身并不能产生具体的税收法律关系。税收法律关系的产生、变更和消灭，必须有能够引起税收法律关系产生、变更或消灭的税收法律事实。这种税收法律事实，可以是税收法律事件或者税收法律行为。一般指税务机关依法征税的行为和纳税人的经济活动行为，发生这种行为才能产生、变更或消灭税收法律关系。例如，纳税人开业经营即产生税收法律关系，纳税人转业或停业就造成税收法律关系的变更或消灭。

(四) 税法要素

税法要素是指各种单行税法具有的共同的基本要素的总称，即税收实体法的构成要素。任何一部税收实体法都要至少规定对谁征税、对什么征税、征多少税等内容。一般而言，税法的构成要素包括总则、纳税义务人、征税对象、税率、纳税环节、纳税期限、纳税地点、税负调整措施等项目，其中纳税义务人、征税对象和税率三个要素是税法的基本要素。

1. 纳税义务人

纳税义务人，又称纳税主体或纳税人，是税法规定的直接负有纳税义务的单位和个人，它首先解决对谁征税的问题，是税法的一个基本要素。

与纳税义务人相关的两个概念有负税人和扣缴义务人。前者指税收负担的实际承担者，征税会导致纳税人收入数额的减少，因而纳税人就会存在税收负担的转嫁动机和行为，通过提高售价将其承担的税收"向后"转移给消费者或购买人，或压低购价将税负"向前"转移给销售者。所以，税法规定的纳税人与经济上的税收实际负担人不一定相同。后者指依法负有代纳税人代扣代缴或代收代缴纳税人应纳税款的单位和个人。我国以间接税为主，绝大多数税具有转嫁性，最终会通过各种形式让公众成为"终极承担者"。

2. 征税对象

征税对象，又称课税对象或征税客体，它规定对什么征税，是征纳双方权利义务共同指向的客体或标的物。征税对象是区别一种税与另一种税的重要标志，是税法的一个基本要素。

与征税对象相关的两个概念有税目和税基。前者是征税对象的具体化，即具体的征税项目。后者又叫计税依据，是税法中规定的据以计算各种应征税款的直接数量依据，是征税对象在量上的具体化和每种税应纳税额的根据。计税依据包括从价计征和从量计征两种形式，从价计征按照征税对象的货币价值计算，从量计征直接按照征税对象的自然单位计算。

3. 税率

税率是征税对象的征收比例或征收额度，在纳税人和征税对象既定的情况下，税率的高低直接决定纳税人承担税收的轻重。因此，税率是衡量税负高低与否的重要标志，体现国家征税的深度，是税法的一个基本要素。

我国现行税率主要有比例税率、累进税率、定额税率三种形式。其中定额税率即固定税额；累进税率是把征税划分不同的等级再规定不同等级的税率，等级越高，适用的税率也越高。我国现行个人所得税采用超额累进税率，土地增值税采用超率累进税率。所谓超额累进税率，是把征税对象按数额大小分成若干等级，每一等级规定一个税率，税率依次提高，但每一纳税人的征税对象则依其所属等级同时适用几个税率分别计算，并且，每一次计算仅以征税对象数额超过上一级的部分作为计算基数，然后将计算结果相加得出应纳税款数额，超率累进税率的计算与超额累进税率的原理相同，只是税率累进的依据不是征税对象的数额，而是征税对象相应的差别比率，相对比率每超过一个级距的，对超过的部分就按照高一级的税率计算征税。

4. 纳税环节

纳税环节是指税法规定的征税对象确定的应该缴纳税款的环节。纳税环节有广义和狭义之分。广义的纳税环节指全部课税对象在再生产中的分布情况。狭义的纳税环节特指应税商品在流转过程中应纳税的环节。按某一种税纳税环节的多少，可以将该税种划分为一次课征制或多次课征制。

5. 纳税期限

纳税期限是税法规定纳税人发生纳税义务后税款缴纳时间的限定。它与纳税义务发生的时间不同。纳税义务发生的时间是纳税人应税行为发生的时间，是一个"时间点"，而纳税期限体现为每隔固定时间汇总一次纳税义务的时间，是一个"时间段"。

6. 纳税地点

纳税地点是税法中规定的纳税人、扣缴义务人缴纳税款的具体地点。一般基于税款的源头控制和便利原则设定。

7. 税负调整措施

税负调整措施包括减轻税负的措施和加重税负措施两个方面，由于经济情况千差万别和纳税人情况也有差异，税法在上述要素规定外，需要有相应的税收负担调整措施。

（1）减轻税负措施

①减税免税

减税是从纳税人的应纳税额中减征部分税额的措施，免税是免除纳税人全部应纳税额的措施。减免税按其性质，可分为法定减免、特定减免和临时减免等；按其方式，可分为税基式减免、税率式减免和税额式减免等。

②起征点与免征额

起征点和免征额的规定也是减轻税负的措施。其中起征点是征税对象达到征税数额开始计税的界限，征额是征税对象全部数额中规定予计税的数额。两者的区分，前者是未达到的不征税，达到的则要就其全数征税，不做扣除；后者是未达到的不征税，达到的仅就超出部分征税。因此，起征点只是部分优惠，未达到起征点的纳税人才能享受，免征额是普遍优惠，所有纳税人都允许扣除该固定数额，即免征额。

（2）加重税负措施

①税收附加、税收加成和加倍

税收附加是在征收一种税的同时，再以该税种作为计税依据，据以征收的附加性质的税收，例如教育费附加。税收加成是指对课税对象依据税率计算应纳税额基础上，对税额再加征一定成数的税款。一成即10%，十成即为一倍。

②税收罚则

主要是对纳税人违反税法规定的行为采取的处罚措施。

(五) 我国现行的税法体系

1. 税收实体法体系

（1）流转税类

包括增值税、消费税和关税等税种。主要在生产流通、服务和进出口等方面发挥调节作用。

（2）所得税类

包括企业所得税、个人所得税等税种。主要是在国民收入形成以后，对生产经营者的利润和个人的纯收入发挥调节作用。

（3）财产和行为税类

包括房产税、车船税、印花税和契税等税种。主要是对某些财产和行为发挥调节作用。

（4）资源税类

包括资源税、土地增值税、城镇土地使用税等税种。主要是对因开发和利用自然资源差异而形成的级差收入发挥调节作用。

（5）行为目的税类

包括城市维护建设税、车辆购置税、耕地占用税、船舶吨税和烟叶税等税种。主要是对特定对象和特定行为发挥调节作用，以期达到特定的目的。

现行税种的税法中，除了企业所得税、个人所得税、车船税是以国家法律的形式发布实施外，其他各税种的税法都是经过全国人民代表大会授权立法，由国务院以条例的形式发布实施的。这些法律、法规共同构成我国的税收实体法体系。

2. 税收程序法体系

我国的税收程序法体系，按照税收征收管理机关的不同分别规定。上述18个税种中，关税和船舶吨税由海关负责征收管理，并按《海关法》和《进出口关税条例》等有关规定执行；其余税种由税务机关负责征收管理，并按《税收征管法》等有关规定执行。但耕地占用税和契税，在部分地区由财政机关负责征收，比照《税收征管法》执行。

二、增值税法和消费税法

（一）增值税

1. 征税范围

（1）销售货物或者进口货物

销售货物，是指有偿转让货物的所有权，进口货物是指申报进入中华人民共和国海关境内的货物。货物是指有形动产，即具备实物形态，能够带来经济利益的可移动的资产，包括电力、热力、气体在内。

（2）提供的应税劳务

指加工、修理、修配劳务。加工劳务是指受托加工货物所发生的劳务，即委托方提供原料及主要材料，受托方按照委托方的要求制造货物并收取加工费的业务；修理修配，是指受托对损伤和丧失功能的货物进行修复，使其恢复原状和功能的业务。单位或者个体经营户聘用的员工为本单位或者雇主提供上述劳务，不属于增值税应税劳务。

（3）提供的应税服务

是指陆路运输服务、水路运输服务、航空运输服务、道路运输服务、邮政普通服务、邮政特殊服务、其他邮政服务、基础电信服务、增值电信服务、研发和技术服务、信息技术服务、文化创意服务、物流辅助服务、有形动产租赁服务、鉴证咨询服务、广播影视服务。

2. 纳税义务人和扣缴义务人

（1）纳税义务人

①一般规定

在中华人民共和国境内销售货物或者提供加工、修理修配劳务（以下简称劳务）、销售服务、无形资产、不动产及进口货物的单位和个人，为增值税的纳税人。

②纳税人划分

我国把增值税纳税人按其会计核算水平、经营规模等的不同，划分为一般纳税人和小规模纳税人两种。增值税小规模纳税人标准为年应征增值税销售额 500 万元及以下。

（2）扣缴义务人

中华人民共和国境外的单位或者个人在境内销售劳务，在境内未设有经营机构的，以其境内代理人为扣缴义务人；在境内没有代理人的，以购买方为扣缴义务人。

3. 增值税税率

第一，一般纳税人销售货物、劳务、有形动产租赁服务或者进口货物，税率为17%。

一般纳税人销售交通运输、邮政、基础电信、建筑、不动产租赁服务，销售不动产，转让土地使用权，销售或者进口下列货物，税率为11%：粮食等农产品、食用植物油、食用盐；自来水、暖气、冷气、热水、煤气、石油液化气、天然气、二甲醚、沼气、居民用煤炭制品；图书、报纸、杂志、音像制品、电子出版物；饲料、化肥、农药、农机、农膜；国务院规定的其他货物。

一般纳税人销售服务、无形资产，除另有规定外，税率为6%。

纳税人出口货物，税率为零；但是，国务院另有规定的除外。

境内单位和个人跨境销售国务院规定范围内的服务、无形资产，税率为零。税率的调整由国务院决定。

第二，小规模纳税人增值税征收率为3%，国务院另有规定的除外。

第三，增值税的免征。下列项目免征增值税：①农业生产者销售的自产农产品；②避孕药品和用具；③古旧图书；④直接用于科学研究、科学试验和教学的进口仪器、设备；⑤外国政府、国际组织无偿援助的进口物资和设备；⑥由残疾人的组织直接进口供残疾人专用的物品；⑦销售自己使用过的物品。

4. 计征办法

（1）一般纳税人适用的计征办法

纳税人销售货物、劳务、服务、无形资产、不动产（以下统称应税销售行为），应纳税额为当期销项税额抵扣当期进项税额后的余额。应纳税额计算公式为应纳税额=当期销项税额-当期进项税额。当期销项税额小于当期进项税额时，其不足部分可以清转下期继续抵扣。

纳税人发生应税销售行为，按照销售额税率计算收取的增值税额，为销项税额。销项税额计算公式为销项税额=销售额×税率。销售额为纳税人发生应税销售行为收取的全部价款和价外费用，但是不包括收取的销项税额。销售额以人民币计算。纳税人以人民币以外的货币结算销售额的应当折合成人民币计算。

纳税人购进货物、劳务、服务、无形资产、不动产支付或者负担的增值税额，为进项税额。进项税额=买价×扣除率。下列进项税额准予从销项税额中抵扣：①从销售方取得的增值税专用发票上注明的增值税额。②从海关取得的海关进口增值税专用缴款书上注明的增值税额。③购进农产品，除取得增值税专用发票或者海关进口增值税专用缴款书外，按照农产品收购发票或者销售发票上注明的农产品买价和11%的扣除率计算的进项税额，国务院另有规定的除外。进项税额＝买价×扣除率。④自境外单位或者个人购进劳务、服务、无形资产或者境内的不动产，从税务机关或者扣缴义务人处取得的代扣代缴税款的完税凭证上注明的增值税额。

（2）小规模纳税人适用的计征办法

小规模纳税人发生应税销售行为，实行按照销售额和征收率计算应纳税额的简易办法，并不得抵扣进项税额。应纳税额计算公式为应纳税额＝销售额×征收率。

5. 征收管理

（1）增值税纳税义务发生时间

发生应税销售行为，为收讫销售款项或者取得索取销售款项凭据的当天；先开具发票的，为开具发票的当天。进口货物，为报关进口的当天。增值税扣缴义务发生时间为纳税人增值税纳税义务发生的当天。

（2）纳税期限

①按期纳税

分为1日、3日、5日、10日或者15日、1个月或者1个季度，纳税人以1个月或者1个季度为1个纳税期的，自期满之日起15日内申报纳税；以1日、3日、5日、10日或者15日为1个纳税期的，自期满之日起5日内预缴税款，于次月1日起15日内申报纳税并结清上月应纳税款。

②按次纳税

纳税人不能按照固定期限纳税的，可以按次纳税。

扣缴义务人解缴税款的期限，依照上述规定执行。纳税人进口货物，应当自海关填发进口增值税专用缴款书之日起15日内缴纳税款。

（3）增值税纳税地点

固定业户应当向其机构所在地的主管税务机关申报纳税。总机构和分支机构不在同一县（市）的，应当分别向各自所在地的主管税务机关申报纳税；经国务院财政、税务主管部门或者其授权的财政、税务机关批准，可以由总机构汇总向总机构所在地的主管税务机关申报纳税。

固定业户到外县（市）销售货物或者劳务，应当向其机构所在地的主管税务机关报告外出经营事项，并向其机构所在地的主管税务机关申报纳税；未报告的，应当向销售地或者劳务发生地的主管税务机关申报纳税；未向销售地或者劳务发生地的主管税务机关申报纳税的，由其机构所在地的主管税务机关补征税款。

非固定业户销售货物或者劳务，应当向销售地或者劳务发生地的主管税务机关申报纳税；未向销售地或者劳务发生地的主管税务机关申报纳税的，由其机构所在地或者居住地的主管税务机关补征税款。

进口货物，应当向报关地海关申报纳税。

扣缴义务人应当向其机构所在地或者居住地的主管税务机关申报缴纳其扣缴的税款。

（二）消费税

1. 征税范围

我国现行消费税的征税范围为生产、委托加工、进口及零售的应税消费品。主要基于以下五点考虑：①一些过度消费会对身体健康、社会秩序、生态环境等方面造成危害的特殊消费品，如烟、酒、鞭炮、焰火；②奢侈品和非生活必需品，如贵重首饰及珠宝玉石、化妆品；③高能耗及高档消费品，如摩托车、小汽车、高档手表；④不可再生和替代的石油类消费品，如成品油；⑤具有一定财政意义的消费品，如汽车轮胎。

目前消费税应税消费品具体包括：烟、酒、化妆品、贵重首饰及珠宝玉石、鞭炮焰火、成品油、摩托车、小汽车、高尔夫球及球具、高档手表、游艇、木制一次性筷子、实木地板、电池、涂料。

2. 纳税义务人

在中华人民共和国境内生产、委托加工和进口本条例规定的消费品的单位和个人，以及国务院确定的销售本条例规定的消费品的其他单位和个人，为消费税的纳税人。

3. 税率

消费税税率有比例税率和定额税率两种形式。

4. 计征办法

（1）实行从价定率计征办法

其计算公式为应纳税额＝销售额×税率。

（2）实行从量定额计征办法

消费税仅对黄酒、啤酒、成品油等税目实行定额税率。其应纳税额计算公式为：应纳税额＝销售数量×单位税额。

（3）实行复合计征办法

消费税的征税范围中，对卷烟、白酒采用复合计征方法。其计算公式为：应纳税额＝销售数量×定额税率+销售额×比例税率。

5. 征收管理

（1）纳税义务发生时间

纳税人生产的应税消费品用于销售时纳税，进口的应税消费品，于报关进口环节纳税，金银首饰、钻石及钻石饰品在零售时纳税。

（2）纳税期限

①按期纳税

分为 1 日、3 日、5 日、10 日或者 15 日、1 个月或者 1 个季度，纳税人以 1 个月或者 1 个季度为 1 个纳税期的，自期满之日起 15 日内申报纳税；以 1 日、3 日、5 日、10 日或者 15 日为 1 个纳税期的，自期满之日起 5 日内预缴税款，于次月 1 日起 15 日内申报纳税并结清上月应纳税款。纳税人进口应税消费品，应当自海关填发海关进口消费税专用缴款书之日起 15 日内缴纳税款。

②按次纳税

纳税人的具体纳税期限，由主管税务机关根据纳税人应纳税额的大小分别核定；不能按照固定期限纳税的，可以按次纳税。

（3）纳税地点

纳税人销售的应税消费品，以及自产自用的应税消费品，除国务院财政、税务主管部门另有规定外，应当向纳税人机构所在地或者居住地的主管税务机关申报纳税。委托加工的应税消费品，除受托方为个人外，由受托方向机构所在地或者居住地的主管税务机关解缴消费税税款。进口的应税消费品，应当向报关地海关申报纳税。

三、企业所得税法和个人所得税法

（一）企业所得税

1. 纳税义务人

在中华人民共和国境内，企业和其他取得收入的组织为企业所得税的纳税人（以下统称"企业"）。个人独资企业、合伙企业不适用本法。企业分为居民企业和非居民企业。

第一，居民企业，是指依法在中国境内成立，或者依照外国（地区）法律成立但实际管理机构在中国境内的企业。

第二，非居民企业，是指依照外国（地区）法律成立且实际管理机构不在中国境内，但在中国境内设立机构、场所的，或者在中国境内未设立机构、场所，但有来源于中国境内所得的企业。

2. 征税对象

（1）居民企业的征税对象

居民企业应当就其来源于中国境内、境外的所得缴纳企业所得税。

（2）非居民企业的征税对象

非居民企业在中国境内设立机构、场所的，应当就其所设机构、场所取得的来源于中国境内的所得，以及发生在中国境外但与其所设机构、场所有实际联系的所得，缴纳企业所得税。非居民企业在中国境内未设立机构、场所的，或者虽设立机构、场所但取得的所得与其所设机构、场所没有实际联系的，应当就其来源于中国境内的所得缴纳企业所得税。

3. 税率

企业所得税的税率为25%。

非居民企业在中国境内未设立机构、场所的，或者虽设立机构、场所取得的所得与其所设机构、场所没有实际联系的，应当就其来源于中国境内的所得缴纳企业所得税。适用税率为20%。

4. 计税依据

企业所得税的计税依据是应纳税所得额，即企业每一纳税年度的收入总额，减除不征税收入、免税收入、各项扣除及允许弥补的以前年度亏损后的余额。

企业每一纳税年度的收入总额，减除不征税收入、免税收入、各项扣除及允许弥补的以前年度亏损后的余额，为应纳税所得额。

（1）收入总额

企业以货币形式和非货币形式从各种来源取得的收入，为收入总额。收入总额包括销售货物收入；提供劳务收入；转让财产收入；股息、红利等权益性投资收益；利息收入；租金收入；特许权使用费收入；接受捐赠收入；其他收入。

（2）不征税收入和免税收入

收入总额中的财政拨款；依法收取并纳入财政管理的行政事业性收费、政府性基金；国务院规定的其他不征税收入为不征税收入。

（3）各项扣除

企业实际发生的与取得收入有关的、合理的支出，包括成本、费用、税金、损失和其他支出，准予在计算应纳税所得额时扣除。企业发生的公益性捐赠支出，在年度利润总额

12%以内的部分，准予在计算应纳税所得额时扣除；超过年度利润总额12%的部分，准予结转以后3年内在计算应纳税所得额时扣除。在计算应纳税所得额时，下列支出不得扣除：向投资者支付的股息、红利等权益性投资收益款项；企业所得税税款；税收滞纳金；罚金、罚款和被没收财物的损失；赞助支出；未经核定的准备金支出；与取得收入无关的其他支出等。

在计算应纳税所得额时，企业按照规定计算的固定资产折旧，准予扣除。下列固定资产不得计算折旧扣除：房屋、建筑物以外未投入使用的固定资产；以经营租赁方式租入的固定资产；以融资租赁方式租出的固定资产；已足额提取折旧仍继续使用的固定资产；与经营活动无关的固定资产；单独估价作为固定资产入账的土地；其他不得计算折旧扣除的固定资产。

在计算应纳税所得额时，企业按照规定计算的无形资产摊销费用，准予扣除。下列无形资产不得计算摊销费用扣除：自行开发的支出已在计算应纳税所得额时扣除的无形资产；自创商誉；与经营活动无关的无形资产；其他不得计算摊销费用扣除的无形资产。

在计算应纳税所得额时，企业发生的下列支出作为长期待摊费用，按照规定摊销的，准予扣除：已足额提取折旧的固定资产的改建支出；租入固定资产的改建支出；固定资产的大修理支出；其他应当作为长期待摊费用的支出。

5. 征收管理

（1）纳税地点

第一，除税收法律法规另有规定的除外，居民企业以企业登记注册地为纳税地点，但是登记地在境外的，以实际管理机构所在地为纳税地点。

第二，居民企业在中国境内设立不具有法人资格的营业机构时，应当汇总计算缴纳企业所得税。

第三，非居民企业在中国境内设立机构场所的，应当就其机构场所所取得的来源中国境内的所得，以及发生在中国境外但与其机构场所有实际联系的所得，以机构场所所在地为纳税地点；非居民企业在中国境内设立两个或者两个以上机构场所的，经税务机关审核批准，可以选择由其主要机构场所汇总缴纳企业所得税。

第四，非居民企业未设立机构场所的，或者虽设立机构场所，但取得是所得与其机构场所没有实际联系的，以扣缴义务人所在地为纳税地点。

第五，除国务院另有规定外，企业之间不得合并缴纳企业所得税。

（2）纳税期限

企业所得税按纳税年度计算。纳税年度自公历1月1日起至12月31日止。企业在一个纳税年度中间开业，或者终止经营活动，使该纳税年度的实际经营期不足12个月的，应当以其实际经营期为一个纳税年度。企业依法清算时，应当以清算期间作为一个纳税年度。

企业所得税分月或者分季预缴。企业应当自月份或者季度终了之日起15日内，向税务机关报送预缴企业所得税纳税申报表，预缴税款。企业应当自年度终了之日起5个月内，向税务机关报送年度企业所得税纳税申报表，并汇算清缴，结清应缴应退税款。企业在报送企业所得税纳税申报表时，应当按照规定附送财务会计报告和其他有关资料。

企业在年度中间终止经营活动的，应当自实际经营终止之日起60日内，向税务机关办理当期企业所得税汇算清缴。企业应当在办理注销登记前，就其清算所得向税务机关申报并依法缴纳企业所得税。

（二）个人所得税

1. 纳税人

（1）居民纳税人

居民纳税人是指在中国境内有住所，或者无住所而一个纳税年度内在中国境内居住累计满183天的个人。在中国境内有住所，是指因户籍、家庭、经济利益关系而在中国境内习惯性居住。居民个人从中国境内和境外取得的所得，依法缴纳个人所得税。从中国境内和境外取得的所得，分别是指来源于中国境内的所得和来源于中国境外的所得。

（2）非居民纳税人

非居民纳税人是指在中国境内无住所又不居住，或者无住所而一个纳税年度内在中国境内居住累计不满183天的个人。非居民纳税人承担有限纳税义务，仅须就其来源于我国境内的所得，向我国缴纳个人所得税。

2. 征税对象

下列九项个人所得应当缴纳个人所得税：工资、薪金所得，劳务报酬所得，稿酬所得，特许权使用费所得，经营所得，利息、股息、红利所得，财产租赁所得，财产转让所得，偶然所得。

居民个人取得工资、薪金所得，劳务报酬所得，稿酬所得，特许权使用费所得等综合所得，按纳税年度合并计算个人所得税。非居民个人取得的上述四项所得，按月或者按次分项计算个人所得税。纳税人取得经营所得，利息、股息、红利所得，财产租赁所得，财产转让所得，偶然所得等五项所得，依法分别计算个人所得税。

3. 税率

第一，综合所得，适用3%~45%的超额累进税率；

第二，经营所得，适用5%~35%的超额累进税率；

第三，利息、股息、红利所得，财产租赁所得，财产转让所得和偶然所得，适用比例税率，税率为20%。

4. 应纳税所得额的计算

第一，居民个人的综合所得，以每一纳税年度的收入额减除费用6万元，以及专项扣除、专项附加扣除和依法确定的其他扣除后的余额，为应纳税所得额。专项扣除，包括居民个人按照国家规定的范围和标准缴纳的基本养老保险、基本医疗保险、失业保险等社会保险费和住房公积金等；专项附加扣除，包括子女教育、继续教育、大病医疗、住房贷款利息或者住房租金、赡养老人等支出。

第二，非居民个人的工资、薪金所得，以每月收入额减除费用5000元后的余额为应纳税所得额；劳务报酬所得、稿酬所得、特许权使用费所得，以每次收入额为应纳税所得额。劳务报酬所得、稿酬所得、特许权使用费所得以收入减除20%的费用后的余额为收入额。稿酬所得的收入额减按70%计算。

第三，经营所得，以每一纳税年度的收入总额减除成本、费用及损失后的余额，为应纳税所得额。

第四，财产租赁所得，每次收入不超过4000元的，减除费用800元；4000元以上的，减除20%的费用，其余额为应纳税所得额。

第五，财产转让所得，以转让财产的收入额减除财产原值和合理费用后的余额，为应纳税所得额。

第六，利息、股息、红利所得和偶然所得，以每次收入额为应纳税所得额。

5. 税收优惠

（1）个人所得税免征

免征个人所得税的项目包括：省级人民政府、国务院部委和中国人民解放军军以上单位，以及外国组织、国际组织颁发的科学、教育、技术、文化、卫生、体育、环境保护等方面的奖金；国债和国家发行的金融债券利息；按照国家统一规定发给的补贴、津贴；福利费、抚恤金、救济金；保险赔款；军人的转业费、复员费、退役金；按照国家统一规定发给干部、职工的安家费、退职费、基本养老金或者退休费、离休费、离休生活补助费；依照有关法律规定应予免税的各国驻华使馆、领事馆的外交代表、领事官员和其他人员的所得；中国政府参加的国际公约、签订的协议中规定免税的所得；国务院规定的其他免税所得。

（2）个人所得税的减征

可以减征个人所得税的项目包括：残疾、孤老人员和烈属的所得；因自然灾害遭受重大损失的。减征的具体幅度和期限，由省、自治区、直辖市人民政府规定，并报同级人民代表大会常务委员会备案。

此外，国务院可以规定其他减税情形，报全国人民代表大会常务委员会备案。

6. 个人所得税专项附加扣除

个人所得税专项附加扣除，是指个人所得税法规定的子女教育、继续教育、大病医疗、住房贷款利息或者住房租金、赡养老人等六项专项附加扣除。

（1）原则

个人所得税专项附加扣除遵循公平合理、利于民生、简便易行的原则。

（2）子女教育

第一，纳税人的子女接受全日制学历教育的相关支出，按照每个子女每月1000元的标准定额扣除。

第二，学历教育包括义务教育（小学、初中教育）、高中阶段教育（普通高中、中等职业、技工教育）、高等教育（大学专科、大学本科、硕士研究生、博士研究生教育）；年满3岁至小学入学前处于学前教育阶段的子女，按上述规定执行。

第三，父母可以选择由其中一方按扣除标准的100%扣除，也可以选择由双方分别按扣除标准的50%扣除，具体扣除方式在一个纳税年度内不能变更。

第四，纳税人子女在中国境外接受教育的，纳税人应当留存境外学校录取通知书、留学签证等相关教育的证明资料备查。父母，是指生父母、继父母、养父母。子女，是指婚生子女、非婚生子女、继子女、养子女。父母之外的其他人担任未成年人的监护人的，比照规定执行。

（3）继续教育

第一，纳税人在中国境内接受学历（学位）继续教育的支出，在学历（学位）教育期间按照每月400元定额扣除。同一学历（学位）继续教育的扣除期限不能超过48个月。纳税人接受技能人员职业资格继续教育、专业技术人员职业资格继续教育的支出，在取得相关证书的当年，按照3600元定额扣除。

第二，个人接受本科及以下学历（学位）继续教育，符合本办法规定扣除条件的，可以选择由其父母扣除，也可以选择由本人扣除。

第三，纳税人接受技能人员职业资格继续教育、专业技术人员职业资格继续教育的，应当留存相关证书等资料备查。

（4）大病医疗

第一，在一个纳税年度内，纳税人发生的与基本医保相关的医药费用支出，扣除医保报销后个人负担（指医保目录范围内的自付部分）累计超过 15 000 元的部分，由纳税人在办理年度汇算清缴时，在 80 000 元限额内据实扣除。

第二，纳税人发生的医药费用支出可以选择由本人或者其配偶扣除；未成年子女发生的医药费用支出可以选择由其父母一方扣除。纳税人及其配偶、未成年子女发生的医药费用支出，按规定分别计算扣除额。

第三，纳税人应当留存医药服务收费及医保报销相关票据原件（或者复印件）等资料备查。医疗保障部门应当向患者提供在医疗保障信息系统记录的本人年度医药费用信息查询服务。

（5）住房贷款利息

第一，纳税人本人或者配偶单独或者共同使用商业银行或者住房公积金个人住房贷款为本人或者其配偶购买中国境内住房，发生的首套住房贷款利息支出，在实际发生贷款利息的年度，按照每月 1000 元的标准定额扣除，扣除期限最长不超过 240 个月。纳税人只能享受一次首套住房贷款的利息扣除。所称首套住房贷款是指购买住房享受首套住房贷款利率的住房贷款。

第二，经夫妻双方约定，可以选择由其中一方扣除，具体扣除方式在一个纳税年度内不能变更。夫妻双方婚前分别购买住房发生的首套住房贷款，其贷款利息支出，婚后可以选择其中一套购买的住房，由购买方按扣除标准的 100% 扣除，也可以由夫妻双方对各自购买的住房分别按扣除标准的 50% 扣除，具体扣除方式在一个纳税年度内不能变更。

第三，纳税人应当留存住房贷款合同、贷款还款支出凭证备查。

（6）住房租金

第一，纳税人在主要工作城市没有自有住房而发生的住房租金支出，可以按照以下标准定额扣除：直辖市、省会（首府）城市、计划单列市及国务院确定的其他城市，扣除标准为每月 1500 元；除前述所列城市以外，市辖区户籍人口超过 100 万的城市，扣除标准为每月 1100 元；市辖区户籍人口不超过 100 万的城市，扣除标准为每月 800 元。纳税人的配偶在纳税人的主要工作城市有自有住房的，视同纳税人在主要工作城市有自有住房。市辖区户籍人口，以国家统计局公布的数据为准。

第二，主要工作城市是指纳税人任职受雇的直辖市、计划单列市、副省级城市、地级市（地区、州、盟）全部行政区域范围；纳税人无任职受雇单位的，为受理其综合所得汇算清缴的税务机关所在城市。夫妻双方主要工作城市相同的，只能由一方扣除住房租金支出。

第三，住房租金支出由签订租赁住房合同的承租人扣除。纳税人及其配偶在一个纳税年度内不能同时分别享受住房贷款利息和住房租金专项附加扣除。纳税人应当留存住房租赁合同、协议等有关资料备查。

（7）赡养老人

第一，纳税人赡养一位及以上被赡养人的赡养支出，统一按照以下标准定额扣除：纳税人为独生子女的，按照每月2000元的标准定额扣除；纳税人为非独生子女的，由其与兄弟姐妹分摊每月2000元的扣除额度，每人分摊的额度不能超过每月1000元。可以由赡养人均摊或者约定分摊，也可以由被赡养人指定分摊。约定或者指定分摊的须签订书面分摊协议，指定分摊优先于约定分摊。具体分摊方式和额度在一个纳税年度内不能变更。

第二，被赡养人是指年满60岁的父母，以及子女均已去世的年满60岁的祖父母、外祖父母。

7. 征收管理

（1）纳税申报

有下列情形之一的，纳税人应当依法办理纳税申报：取得综合所得需要办理汇算清缴；取得应税所得没有扣缴义务人；取得应税所得，扣缴义务人未扣缴税款；取得境外所得；因移居境外注销中国户籍；非居民个人在中国境内从两处以上取得工资、薪金所得；国务院规定的其他情形。

（2）纳税期限

第一，居民个人取得综合所得，按年计算个人所得税；有扣缴义务人的，由扣缴义务人按月或者按次预扣预缴税款；需要办理汇算清缴的，应当在取得所得的次年3月1日至6月30日内办理汇算清缴。

非居民个人取得工资、薪金所得，劳务报酬所得，稿酬所得和特许权使用费所得，有扣缴义务人的，由扣缴义务人按月或者按次代扣代缴税款，不办理汇算清缴。

第二，纳税人取得经营所得，按年计算个人所得税，由纳税人在月度或者季度终了后15日内向税务机关报送纳税申报表，并预缴税款；在取得所得的次年3月31日前办理汇算清缴。

纳税人取得利息、股息、红利所得，财产租赁所得，财产转让所得和偶然所得，按月或者按次计算个人所得税，有扣缴义务人的，由扣缴义务人按月或者按次代扣代缴税款。

第三，纳税人取得应税所得没有扣缴义务人的，应当在取得所得的次月 15 日内向税务机关报送纳税申报表，并缴纳税款。

纳税人取得应税所得，扣缴义务人未扣缴税款的，纳税人应当在取得所得的次年 6 月 30 日前，缴纳税款；税务机关通知限期缴纳的，纳税人应当按照期限缴纳税款。

居民个人从中国境外取得所得的，应当在取得所得的次年 3 月 1 日至 6 月 30 日内申报纳税。

非居民个人在中国境内从两处以上取得工资、薪金所得的，应当在取得所得的次月 15 日内申报纳税。

纳税人因移居境外注销中国户籍的，应当在注销中国户籍前办理税款清算。

四、环境保护税法

（一）环境保护税的纳税人

在中华人民共和国领域和中华人民共和国管辖的其他海域，直接向环境排放应税污染物的企业事业单位和其他生产经营者为环境保护税的纳税人。居民个人不属于税法规定的"企业事业单位和其他生产经营者"，因此，无须缴纳环境保护税。

（二）环境保护税的征税对象

环境保护税的征税对象，即应税污染物，为大气污染物、水污染物、固体废物和噪声四类。

（三）计税依据和应纳税额

应税污染物的计税依据，按照下列方法确定：应税大气污染物按照污染物排放量折合的污染当量数确定；应税水污染物按照污染物排放量折合的污染当量数确定；应税固体废物按照固体废物的排放量确定；应税噪声按照超过国家规定标准的分贝数确定。

应税大气污染物、水污染物、固体废物的排放量和噪声的分贝数，按照下列方法和顺序计算：纳税人安装使用符合国家规定和监测规范的污染物自动监测设备的，按照污染物自动监测数据计算；纳税人未安装使用污染物自动监测设备的，按照监测机构出具的符合国家有关规定和监测规范的监测数据计算；因排放污染物种类多等原因不具备监测条件的，按照国务院生态环境主管部门规定的排污系数、物料衡算方法计算；不能按照上述方法计算的，按照省、自治区、直辖市人民政府生态环境主管部门规定的抽样测算的方法核定计算。

环境保护税应纳税额按照下列方法计算：应税大气污染物的应纳税额为污染当量数乘以具体适用税额；应税水污染物的应纳税额为污染当量数乘以具体适用税额；应税固体废物的应纳税额为固体废物排放量乘以具体适用税额；应税噪声的应纳税额为超过国家规定标准的分贝数对应的具体适用税额。

确立了"中央定底线，地方可上浮"的动态税额调整机制。环境保护税规定，大气污染物税额幅度为每污染当量1.2~12元，水污染物税额幅度为每污染当量1.4~14元。固体废物按不同种类，税额为每吨5~1000元。噪声按超标分贝数，税额为每月350~11 200元。

（四）不缴纳环境保护税的情形

为了减少污染物直接向环境排放，鼓励企业与单位将污水和生活垃圾进行集中处理，税法规定两种情形不用缴纳环境保护税：一是企事业单位和其他生产经营者向依法设立的污水集中处理、生活垃圾集中处理场所排放应税污染物的，不缴纳环境保护税；二是企业事业单位和其他生产经营者在符合国家和地方环境保护标准的设施、场所贮存或者处置固体废物的，不缴纳环境保护税。上述两种情形不属于直接向环境排放污染物，不缴纳相应污染物的环境保护税。

依法设立的城乡污水集中处理、生活垃圾集中处理场所超过国家和地方规定的排放标准向环境排放应税污染物的，应当缴纳环境保护税。企业事业单位和其他生产经营者贮存或者处置固体废物不符合国家和地方环境保护标准的，应当缴纳环境保护税。

（五）环境保护税的减免

暂予免征环境保护税的情形，农业生产（不包括规模化养殖）排放应税污染物的；机动车、铁路机车、非道路移动机械、船舶和航空器等流动污染源排放应税污染物的；依法设立的城乡污水集中处理、生活垃圾集中处理场所排放相应应税污染物，不超过国家和地方规定的排放标准的；纳税人综合利用的固体废物，符合国家和地方环境保护标准的；国务院批准免税的其他情形（应由国务院报全国人民代表大会常务委员会备案）。

减征环境保护税的情形包括，纳税人排放应税大气污染物或者水污染物的浓度值低于国家和地方规定的污染物排放标准30%的，减按75%征收环境保护税。纳税人排放应税大气污染物或者水污染物的浓度值低于国家和地方规定的污染物排放标准50%的，减按50%征收环境保护税。

（六）环境保护税纳税时间及纳税申报

纳税义务发生时间为纳税人排放应税污染物的当日。环境保护税按月计算，按季申报缴纳。纳税人按季申报缴纳的，应当自季度终了之日起 15 日内，向税务机关办理纳税申报并缴纳税款。不能按固定期限计算缴纳的，可以按次申报缴纳。纳税人按次申报缴纳的，应当自纳税义务发生之日起 15 日内，向税务机关办理纳税申报并缴纳税款。

纳税人申报缴纳时，应当向税务机关报送所排放应税污染物的种类、数量，大气污染物、水污染物的浓度值，以及税务机关根据实际需要要求纳税人报送的其他纳税资料。纳税人应当依法如实办理纳税申报，对申报的真实性和完整性承担责任。

纳税人应当向应税污染物排放地的税务机关申报缴纳环境保护税。

五、税收程序法

（一）税务管理

1. 税务登记管理

税务登记是税务机关对纳税人的生产、经营活动进行登记，并据此对纳税人实施税务管理的一种法定制度。税务登记分为注册税务登记、变更或注销税务登记等。

从事生产经营的纳税人自领取营业执照之日起 30 日内，持有关证件向税务机关申报税务登记。从事生产、经营的纳税人，税务登记内容发生变化的，自工商管理机关办理变更登记之日起 30 日内，或在向工商管理机关申请办理注销登记之前，持有关证件向税务机关申报变更或注销税务登记。

税务登记证件必须按规定使用，不得转借、涂改、损毁、买卖或者伪造。

企业，企业在外地设立的分支机构和从事生产、经营的场所，个体工商户和从事生产、经营的事业单位（以下统称从事生产、经营的纳税人）自领取营业执照之日起 30 日内，持有关证件，向税务机关申报办理税务登记。税务机关应当于收到申报的当日办理登记并发给税务登记证件。工商行政管理机关应当将办理登记注册、核发营业执照的情况，定期向税务机关通报。

从事生产、经营的纳税人，税务登记内容发生变化的，自工商行政管理机关办理变更登记之日起 30 日内或者在向工商行政管理机关申请办理注销登记之前，持有关证件向税务机关申报办理变更或者注销税务登记。

从事生产、经营的纳税人应当按照国家有关规定，持税务登记证件，在银行或者其他金融机构开立基本存款账户和其他存款账户，并将其全部账号向税务机关报告。银行和其他金融机构应当在从事生产、经营的纳税人的账户中登录税务登记证件号码，并在税务登记证件中登录从事生产、经营的纳税人的账户账号。税务机关依法查询从事生产、经营的纳税人开立账户的情况时，有关银行和其他金融机构应当予以协助。纳税人按照国务院税务主管部门的规定使用税务登记证件。税务登记证件不得转借、涂改、损毁、买卖或者伪造。

2. 账簿、发票、凭证管理

纳税人、扣缴义务人按照有关法律、行政法规和国务院财政、税务主管部门的规定设置账簿，根据合法、有效凭证记账，进行核算。

从事生产、经营的纳税人的财务、会计制度或者财务、会计处理办法和会计核算软件，应当报送税务机关备案。纳税人、扣缴义务人的财务、会计制度或者财务、会计处理办法与国务院或者国务院财政、税务主管部门有关税收的规定抵触的，依照国务院或者国务院财政、税务主管部门有关税收的规定计算应纳税款、代扣代缴和代收代缴税款。

税务机关是发票的主管机关，负责发票印制、领购、开具、取得、保管、缴销的管理和监督。单位、个人在购销商品、提供或者接受经营服务及从事其他经营活动中，应当按照规定开具、使用、取得发票。增值税专用发票由国务院税务主管部门指定的企业印制，未经规定税务机关指定，不得印制发票。

从事生产、经营的纳税人、扣缴义务人必须按照国务院财政、税务主管部门规定的保管期限保管账簿、记账凭证、完税凭证及其他有关资料。账簿、记账凭证、完税凭证及其他有关资料不得伪造、变造或者擅自损毁。

3. 纳税申报管理

纳税申报是纳税人和扣缴义务人按照税法或税务机关规定的期限和内容向税务机关提交有关纳税书面报告的法律行为，是税收征管信息的主要来源和税务管理的重要制度。

纳税人在纳税期内没有应纳税款的，也应按规定办理纳税申报。纳税人、扣缴义务人的纳税申报表或者代扣代缴、代收代缴税款报告表的主要内容包括：税种、税目、应纳税项目或应代扣代缴、代收代缴税额项目、计税依据、扣除项目及标准、适用税率或者单位税额、应退、应减免项目及税额、应纳税额或应代扣代缴、代收代缴税额、税款所属期限、延期缴纳税额、欠税、滞纳金、其他。

纳税申报的方式主要有直接申报、邮寄申报、数据电文等。纳税人、扣缴义务人因不可抗拒力和财务会计处理出现特殊情况，应在规定的期限内，向主管税务机关申请延期纳税申报。

(二) 税款征收

1. 税款征收的主要内容

纳税人、扣缴义务人应当按照法律、行政法规的规定或者税务机关依照法律、行政法规的规定确定的期限，缴纳或者解缴税款。未按规定期限缴纳税款或者解缴税款的，税务机关除责令限期缴纳外，应从滞纳税款之日起，按日加收滞纳税款5‰的滞纳金。纳税人有合并、分立情形的，应当向税务机关报告，并依法缴清税款。纳税人合并时未缴清税款的，应当由合并后的纳税人继续履行未履行的纳税义务，纳税人分立时未缴清税款的，分立后的纳税人对未履行的纳税义务应当承担连带责任。欠缴税款数额较大的纳税人在处分其不动产或者大额资产之前，应当向税务机关报告。欠缴税款的纳税人因怠于行使到期债权，或者放弃到期债权，或者无偿转让财产，或者以明显不合理的低价转让财产而受让人知道该情形，对国家税收造成损害的，税务机关可以依照《合同法》的规定行使代位权、撤销权。纳税人与其关联企业之间的业务往来，应当按照独立企业之间的业务往来收取或者支付价款、费用；不按照独立企业之间的业务往来收取或者支付价款、费用，而减少其应纳税的收入或者所得额的，税务机关有权进行合理调整。

2. 税款核定征收制度

纳税人有下列情形之一的，税务机关有权核定其应纳税额：依照法律、行政法规的规定可以不设置账簿的；依照法律、行政法规的规定应当设置但未设置账簿的；擅自销毁账簿或者拒不提供纳税资料的；虽设置账簿，但账目混乱或者成本资料、收入凭证、费用凭证残缺不全，难以查账的；发生纳税义务，未按照规定期限办理纳税申报，经税务机关责令限期申报，逾期仍不申报的；纳税人申报的计税依据明显偏低，又无正当理由的。

3. 税收保全措施

税务机关有根据认为从事生产、经营的纳税人有逃避纳税义务行为的，可以在规定的纳税期之前，责令限期缴纳应纳税款；限期内发现纳税人有明显的转移、隐匿其应纳税的商品、货物及其他财产或者应纳税的收入的迹象的，税务机关可以责成纳税人提供纳税担保。如果在纳税人不能提供纳税担保，经县以上税务局（分局）局长批准，税务机关可以采取下列税收保全措施：

第一，书面通知纳税人开户银行或者其他金融机构冻结纳税人的金额相当于应纳税款的存款。

第二，扣押、查封纳税人的价值相当于应纳税款的商品、货物或者其他财产。但是个人及其所抚养的家属维持生活必需的住房和用品，不在税收保全措施的范围之内。纳税人在规定期限内缴纳税款的，税务机关必须立即解除税收保全措施。如果税务机关未立即解除保全措施，使纳税人的合法权益遭受损失的，税务机关应当承担赔偿责任。

4. 税收强制执行措施

从事生产、经营的纳税人、扣缴义务人未按照规定期限缴纳或者解缴的税款，纳税担保人未按照规定期限缴纳所担保的税款，由税务机关责令限期缴纳，逾期仍未缴纳的，经县以上税务局（分局）局长批准，税务机关可以采取下列强制执行措施。

第一，书面通知其开户银行或者其他金融机构从其存款中扣缴税款。

第二，扣缴、查封、依法拍卖或者变卖其价值相当于应纳税款的商品、货物或者其他财产，以拍卖或者变卖所得抵缴税款。个人及其所抚养家属维持生活所必需的住房和用品，不在强制执行措施的范围内。

税务机关采取强制执行措施时，对上述所列纳税人、扣缴义务人、纳税担保人未缴纳的滞纳金同时强制执行。

5. 税收退还与追征

（1）税收退还

纳税人不论何种原因超过应纳税额多缴纳的税款，税务机关发现后应当立即退还；纳税人自结算缴纳税款之日起3年内发现的，可以向税务机关要求退还多缴的税款并加算银行同期存款利息，税务机关及时查实后应立即退还。

（2）税款追征

税务机关对超过纳税期限未缴或少缴税款的纳税人可以在规定期限内予以追征，具体有以下三种情形：

第一，因税务机关的责任，致使纳税人、扣缴义务人未缴或者少缴款的，税务机关在3年内可以要求纳税人、扣缴义务人补缴税款，但是不得加收滞纳金。

第二，因纳税人、扣缴义务人计算错误等失误，未缴或者少缴税款的，税务机关在3年内可以追征税款，并加收滞纳金；有特殊情况的（即数额在10万元以上的），追征期可以延长到5年。

第三，对因纳税人、扣缴义务人和其他当事人偷税、抗税、骗税等原因而造成未缴或者少缴的税款，或骗取的退税款，税务机关可以无限期追征。

(三) 税务检查

税务机关有权进行下列税务检查：

第一，检查纳税人的账簿、记账凭证、报表和有关资料，检查扣缴义务人代扣代缴、代收代缴税款账簿、记账凭证和有关资料。

第二，到纳税人的生产、经营场所和货物存放地检查纳税人应纳税的商品、货物或者其他财产，检查扣缴义务人与代扣代缴、代收代缴税款有关的经营情况。

第三，责成纳税人、扣缴义务人提供与纳税或者代扣代缴、代收代缴税款有关的文件、证明材料和有关资料。

第四，询问纳税人、扣缴义务人与纳税或者代扣代缴、代收代缴税款有关的问题和情况。

第五，到车站、码头、机场、邮政企业及其分支机构检查纳税人托运、邮寄应纳税商品、货物或者其他财产的有关单据、凭证和有关资料。

第六，经县以上税务局（分局）局长批准，凭全国统一格式的检查存款账户许可证明，查询从事生产、经营的纳税人、扣缴义务人在银行或者其他金融机构的存款账户。税务机关调查税收违法案件时，经设区的市、自治州以上税务局（分局）局长批准，可以查询案件涉嫌人员的储蓄存款。

(四) 法律责任

1. 违反税务管理的基本规定

第一，纳税人有下列行为之一的，由税务机关责令限期改正，可以处 2000 元以下的罚款；情节严重的，处 2000 元以上 1 万元以下的罚款。

①未按照规定期限申报办理税务登记、变更或者注销登记的；

②未按照规定设置、保管账簿或者保管记账凭证和有关资料的；

③未按照规定将财务、会计制度或者财务、会计处理办法和会计核算软件报送税务机关备查的；

④未按照规定将其全部银行账号向税务机关报告的；

⑤未按照规定安装、使用税控装置，或者损毁或擅自改动税控装置的。

第二，纳税人不办理税务登记的，由税务机关责令限期改正；逾期不改正的，经税务机关提请，由工商行政管理机关吊销其营业执照。

第三，纳税人未按照规定使用税务登记证件，或者转借、涂改、损毁、买卖、伪造税务登记证件的，处 2000 元以上 1 万元以下的罚款；情节严重的，处 1 万元以上 5 万元以下的罚款。

2. 逃税

即《税收征管法》中所指偷税。纳税人伪造、变造、隐匿、擅自销毁账簿、记账凭证，或者在账簿上多列支出或者不列、少列收入，或者经税务机关通知申报而拒不申报或者进行虚假的纳税申报，不缴或者少缴应纳税款的，是偷税。对纳税人偷税的，由税务机关追缴其不缴或者少缴的税款、滞纳金，并处不缴或者少缴的税款 50% 以上 5 倍以下的罚款；构成犯罪的，依法追究刑事责任。扣缴义务人采取上述所列手段，不缴或者少缴已扣、已收税款，由税务机关追缴其不缴或者少缴的税款、滞纳金，并处不缴或者少缴的税款 50% 以上 5 倍以下的罚款；构成犯罪的，依法追究刑事责任。

逃税罪：纳税人采取欺骗、隐瞒手段进行虚假纳税申报或者不申报，逃避缴纳税款数额较大并且占应纳税额 10% 以上的，处 3 年以下有期徒刑或者拘役，并处罚金；数额巨大并且占应纳税额 30% 以上的，处 3 年以上 7 年以下有期徒刑，并处罚金。

扣缴义务人采取前款所列手段，不缴或者少缴已扣、已收税款，数额较大的，依照前款的规定处罚。对多次实施前两款行为，未经处理的，按照累计数额计算。有第一款行为，经税务机关依法下达追缴通知后，补缴应纳税款，缴纳滞纳金，已受行政处罚的，不予追究刑事责任；但是，5 年内因逃避缴纳税款受过刑事处罚或者被税务机关给予二次以上行政处罚的除外。

3. 抗税

抗税，指纳税人以暴力、威胁方法拒不缴纳税款的，除由税务机关追缴其拒缴的税款、滞纳金外，依法追究刑事责任。情节轻微，未构成犯罪的，由税务机关追缴其拒缴的税款、滞纳金，并处拒缴税款 1 倍以上 5 倍以下的罚款。构成犯罪的，处以 3 年以上 7 年以下的有期徒刑，并处以所偷税额 1 倍以上 5 倍以下的罚金。

4. 骗税

即骗取出口退税，指纳税人以假报出口或者其他欺骗手段，骗取国家出口退税款的，由税务机关追缴其骗取的退税款，并处骗取税款 1 倍以上 5 倍以下的罚款；对骗取国家出口退税款的，税务机关可以在规定期限内停止为其办理出口退税。构成犯罪的，依法追究刑事责任。骗取出口退税数额较大的，处以 5 年以下有期徒刑或拘役，并处以骗取税款 1 倍以上 5 倍以下的罚金；数额巨大或有其他严重情节的，处以 10 年以上有期徒刑或无期徒刑，并处以骗取税款 1 倍以上 5 倍以下的罚金或没收财产。

第五章　价格法、著作权法与专利法

第一节　价格法

一、价格法概述

(一) 价格与价格体系

1. 价值与价格

市场经济的核心是市场，市场的核心又是价格。价格是市场经济的晴雨表，是制约市场经济的"双刃剑"。由价格所形成的价格机制是市场经济机制中最重要、最关键的一个机制力量，关系着一个社会、一个国家的社会经济生活以及政治生活的兴衰成败。因此，世界各国都同样重视价格与税率、利率。它们共同组成了最重要的调节市场经济关系的经济手段。

价格与商品、商品经济如影随形，不可分离。人类社会经过大分工后，出现了可用来交换的多余产品，此产品即为商品，此交换活动即为商品交换。商品具有两重性：使用价值和价值。使用价值是人们可直接知晓、可具体控制的；而价值则是凝结在商品中的一般人类劳动。这种凝结的一般劳动，既不能通过商品自身体现出来，也不能由生产者（及经营者）决定其大小与有无。它只有通过市场交换，以及与其他商品的交换比例才能体现出来。这种使用价值之间的交换比例即为交换价值。

人类社会自有商品以来，交换价值形式不断变化发展。由最初的物物交换到一般等价物——货币的出现（货币形式自身也在变化发展），一切商品都需要通过与货币交换才能体现自己的价值。体现交换价值的即为价格。

两者的关系是：价值是价格的基础，价格是价值的货币表现。二者应一致但又常不一致。从根本上说，价值决定价格，但价格总是围绕价值这一基轴线不断波动、偏离。二者完全等同是暂时的，甚至是不可能的。二者的这种经常性的不一致是常态，这正是价值规律作用的表现。没有这种偏离运动，市场就活不起来，无法存在；国家也无法运用它调控经济生活。

2. 价格体系

价格体系是指各种价格形式（种类）按一定序列排列组合的统一体。

任何市场都会存在不同种类的价格；任何国家也都会以政策和法律对不同种类的价格予以认可。如果按一定标准对价格进行分类和排列组合，便会组成各种价格体系。常见的有：

第一，按经济部门分类：农产品价格、轻工产品价格、重工产品价格、交通运输价格、建筑产品价格等。

第二，按生产要素分类：资金价格、土地价格、劳动力价格、科技与信息产品价格等。

第三，按商品流通环节和过程分类：农产品收购价格、工矿产品收购价格、商品调拨价格、商品批发价格、商品零售价格、地区差价、季节差价等。

第四，按国家（政府）参与度与经营者的自由度关系分类：市场调节价、政府指导价、政府定价等。这是现代市场经济中常见的也是必需的一种分类。《中华人民共和国价格法》（以下简称《价格法》）明确规定和认可了这种分类，故可称法定价格体系。

市场调节价，是指由经营者自主制定、通过市场竞争形成的价格。此种价格是市场经济的基本价格形式，在价格体系中占主导地位，在市场中现已占到95%以上。市场调节价能够及时、灵敏地反映市场的供求变化和竞争态势。它是实施、实现市场决定性作用的主要手段和机制力量。它既可给经营者以动力，又必然给经营者以压力，它能充分体现市场的民主和自由，使企业壮大，市场发展。当然，它也不是完美无缺的价格形式。由于其参加者受个体利益的驱动，它必然也有很大的自发性、盲目性、波动性、滞后性。市场调节价适用于绝大多数行业、产品，特别适用于品种繁多、生产周期短、供求能自趋平衡的产品和服务。有关国计民生的重要产品和服务应慎用之。

政府指导价，是指依照《价格法》的规定，由政府价格主管部门或者其他有关部门按照价格权限和范围规定基准价及其浮动幅度以指导经营者制定价格。这是兼具计划调节与市场调节功能的价格。经营者在其范围和幅度内制定价格，使之接受政府的指导，不可有所突破，以利于社会经济整体的稳定与发展；它在一定范围内给企业以机动余地和自主权利，但在一定程度上对企业又有所约束，这体现了经济法"经济集中与经济民主对立统一原则"的要求。此种价格仅限于关系国计民生的比较重大的重要的产品和服务。

政府定价，是指依照《价格法》的规定，由政府价格主管部门或者其他有关部门按照定价权限和范围制定的、经营者必须执行的、不得变动的价格。实行此种价格的产品应是关系国计民生、供求关系弹性小、容易掌握其规律的少数产品和服务。如重要交通运输价格、能源价格。它属于指令性价格，直接体现国家调节的机能，但在实施时也要遵守价值规律，尊重企业利益。实行此种价格形式在相当程度上限制了企业的自由，但这是社会整体利益的需要，从根本上和长远上说，也是符合企业、经营者本身的利益的。

(二) 价格法

《价格法》是一部反映市场规律的客观要求，反映我国经济体制改革目标的经济立法。自颁布以来，至今未做过修改。它也是一部典型的经济法，从形式到内容都体现着经济法的理念、本质和功能。从体例上看，它一改以往的惯例模式，先规定经营者的价格行为，后规定政府的定价行为；先规定市场调节价，后规定政府定价；表现了以市场经济为基础，以国家调控为指导（引导）的经济法原则精神；表现了国家实行并逐步完善的是宏观调控下由市场形成价格的机制。其他关于价格总水平调控制度和各项监督检查制度的规定也都体现了经济法的预防为主、防治结合、多种手段综合调整的功能。

房地产业是国民经济的重要支柱产业，但近年来，投资性购房和投机性购房需求、地方政府土地财政收入需求，使房地产价格增长过快，房价与投入和合理性的利用不相匹配，与国民收入更不相适应，引发了社会矛盾。国家为此多次颁布了调控规章。"米袋子""菜篮子"及水、电、气等价格也多次由法规规章及时、持续地调整。

价格法有如下作用：用法律形式推动合理价格的形成；规范价格行为；发挥价格优化配置资源的功能；稳定市场价格总水平；干预市场价格的急剧波动；保护消费者的合法权益。

二、经营者的价格行为

(一) 经营者定价的原则与基本依据

经营者的产品、劳务价格应由经营者自主决定和实施，这是市场经济、市场主体的应有之义。但在现代市场经济中，经营者的价格行为不应是意思自治的私行为，企业的价格权利也不应是绝对的权利，它受到应有的社会约束和法律规制。因此，《价格法》规定了经营者定价时应遵循的原则和基本依据：①经营者定价应遵循公平、合法和诚实信用的基本原则；②经营者定价的基本依据是生产经营成本和市场供求状况。

（二）经营者的价格权利

经营者的价格权利在《价格法》中规定经营者进行价格活动时可享有的权利：

第一，自主定价权，即自主地制定属于市场调节的价格。

第二，政府指导价幅度内的定价权，即在政府指导价规定的幅度内制定价格。

第三，新产品试销定价权，即制定属于政府定价、政府指导价产品范围内的新产品的试销价格。但特定产品除外，即应该执行政府定价或政府指导价。

第四，检举控告权，即对侵犯其依法自主定价权的行为，有权检举、控告。

此外，在政府定价、政府指导价范围内的产品，经有关部门鉴定、审批后，可行使一定产品定价权，确定处理产品定价权（指残损、废旧商品、冷背呆滞商品），还有价格建议权。

（三）经营者的价格义务

经营者的价格义务指依法对消费者、其他经营者和国家所承担的为或不为一定行为的责任。《价格法》规定经营者的主要价格义务是：

1. 合理定价的义务

经营者应当努力改进生产经营管理，降低生产经营成本，提供价格合理的商品和服务，在市场竞争中获取合法利润。

2. 诚实定价的义务

经营者应当依据其经营条件，建立健全内部价格管理制度，核定生产经营成本，不得弄虚作假。

3. 依法定价的义务

经营者进行价格活动，应当遵守法律、法规，执行依法定价、政府定价和法定的价格干预措施、紧急措施。

4. 明码标价的义务

经营者销售、收购商品和提供服务，应按规定明码标价，注明商品的品名、产地、规格、等级、计价单位、价格或服务项目、收费标准。商品标价之外加价出售商品，不得收取未予标明的费用。

价格标签因价格形式不同而颜色有别。红色为政府定价，蓝色为政府指导价，绿色为市场调节价。

5. 不为不正当价格行为的义务

《价格法》规定的不正当价格行为包括：

第一，串通、操纵价格的行为，指经营者相互串通、操纵价格，损害其他经营者或消费者的合法权益。

第二，低价倾销行为，指经营者除依法降价处理鲜活商品、季节性商品、积压商品外，为排挤竞争对手或独占市场，以低于成本的价格扰乱正常的生产经营秩序，损害国家利益或者其他经营者的合法权益。

第三，哄抬价格行为，指经营者制造、散布信息，哄抬价格，推动商品价格过高上涨。

第四，价格欺诈行为，指经营者利用虚伪的或者使人误解的价格手段，诱骗消费者或者其他经营者与之交易。如虚伪的打折，欺骗性的"跳楼价""清仓价"。

第五，价格歧视行为，指经营者在提供相同商品或服务时，对具有同等交易条件的其他经营者实行价格歧视。这里是指高价歧视。

第六，变相提价、压价行为，指经营者采取抬高等级或者压低等级等手段收购、销售商品或者提供服务，变相提高或者压低价格。

第七，暴利行为，指经营者违反法律、法规规定牟取暴利。

第八，其他不正当价格行为。

《价格法》规定的上述几种不正当价格行为是《价格法》中非常重要的内容，也是就价格方面对反不正当竞争法的补充和发展。《价格违法行为行政处罚规定》在《价格法》法律责任一章的基础上，对上述不正当价格行为的处罚做了更为具体的规定。其中值得注意的是，该规定不仅将行业协会或其他单位组织列入价格违法行为处罚范围，还列出了从重处罚的几种情形。

6. 接受管理监督的义务

此项义务贯穿于《价格法》的多项条款中，包括依法执行各项价格制度、提供报表资料、加强价格自律、接受监督指导。

《关于制止低价倾销行为的规定》（以下简称《规定》）指出：低价倾销行为是经营者为排挤竞争对手或独占市场，以低于成本的价格倾销商品。上述成本是指生产成本、经营成本。生产成本包括制造成本和由管理费用、财务费用、销售费用构成的期间费用。经营成本包括购进商品进货成本和由经营费用、管理费用、财务费用构成的流通费用。低于成本，是指经营者低于其所经营商品的合理的个别成本。

《规定》规定了几种"以低于成本的价格倾销商品的行为",包括生产企业销售商品的出厂价格低于其生产成本的,或经销企业的销售价格低于其进货成本的;也包括采用不正当手段和方式使生产企业实际出厂价格低于其生产成本,经销企业实际销售价格低于其进货成本。这些不正当手段和方式有:采用高规格、高等级充抵低规格、低等级等手段,变相降低价格;采取折扣、补贴等价格优惠手段;进行非对等物资串换;以物抵债;采取多发货少开票或不开票方法;以多给数量、批量优惠等方式,变相降低价格;在招标投标中,采用压低标价等方式;以及其他方式。

低价倾销行为由价格主管部门认定。跨省区的,由国务院价格主管部门认定;属于省及省以下区域性的,由省级人民政府价格主管部门认定。

任何单位和个人均有权向政府价格主管部门举报低价倾销行为。

三、政府的定价行为

(一) 政府定价的范围

1. 政府定价范围

就市场经济本质而言,价格应由经营者自主定价。但必要时基于社会整体利益、长远利益的需要,一些关系国计民生的商品和服务的价格,必须由国家调控,实行政府定价、政府指导价。这种做法也是符合经营者的根本利益的。

政府定价的范围包括:①与国民经济发展和人民生活关系重大的极少数商品价格;②资源稀缺的少数商品价格;③自然垄断经营商品的价格;④重要的公用事业价格;⑤重要的公益性服务价格。

由上可见,政府定价范围、定价的商品和服务项目都是与国计民生有关的,而且大体上也是相对固定的。这与政府因价格波动异常而临时集中定价、限价是有区别的。但上述范围也不是永远不变的,其中有些会随着社会经济的发展变化而有所改变。《价格法》也规定政府指导价、政府定价的具体适用范围和价格水平都应根据经济运行情况进行适时调整。

上述政府定价范围是总体规定,具体的商品种类、服务项目,须通过定价目录规定。《价格法》规定:政府指导价、政府定价的定价权限和具体适用范围,以中央的和地方的定价目录为依据。

2. 定价目录制定权

定价目录的制定权只属于中央政府和省级政府两级。中央定价目录由国务院价格主管部门制定、修订，报国务院批准后公布；地方定价目录由省、自治区、直辖市人民政府价格主管部门按照中央定价目录规定的定价权限和具体适用范围制定，经本级人民政府审核同意，报国务院价格主管部门审定后公布。

省级人民政府以下各级地方人民政府不得制定定价目录。但市、县人民政府可根据省级人民政府的授权，按照地方定价目录规定的定价权限和具体适用范围，制定在本地区执行的政府指导价和政府定价。

(二) 政府定价的依据

《价格法》规定，制定政府指导价、政府定价，应当依据有关商品或者服务的社会平均成本和市场供求状况、国民经济与社会发展要求及社会承受能力，实行合理的购销差价、批零差价、地区差价和季节差价。商品或者服务价格若与国际市场价格联系紧密的，可以参考国际市场价格。

政府定价的最根本依据是现代市场经济的客观需要和社会及人民利益的基本要求。这些都需要政府介入市场，对市场的价格机制和经营者的价格行为进行一定范围、一定程度的规制、指导、管理和监督。

但是，政府定价这种经济管理行为不能也不应该是主观随意的，它必须以市场经济为基础，以社会利益为本位，尊重和遵循市场经济规律，特别是价值规律；保护和兼顾消费者、经营者及各方利益。

《政府制定价格行为规则》规定政府制定价格应当遵循公平、公开、公正和效率的原则；规定定价机关应当依照法定权限制定价格，不得越权定价。

(三) 政府定价的程序

政府定价应适用市场经济的一般规则，依据一定的程序。这些程序和步骤是：

第一，调查。政府制定价格应当开展价格成本调查，听取包括消费者、经营者和有关各方的意见。有关单位应如实反映情况，提供必需的账簿、文件以及其他资料。

第二，听证。制定关系群众切身利益的公用事业价格、公益性服务价格、自然垄断经营商品的价格等政府定价、政府指导价时，应当召开听证会，由政府价格主管部门主持，征求消费者、经营者和有关各方的意见，论证其必要性与可行性。

上述规定实际上也规定了听证会的范围。有些政府定价不一定履行此程序，不一定都召开听证会。

第三，公布。政府定价、政府指导价制定后，制定部门应向消费者、经营者公布。

第四，调整。政府指导价、政府定价的具体适用范围、价格水平，都应根据经济运行情况，按照定价权限和程序适时调整。消费者、经营者也可对此提出调整建议。

第二节 著作权法

一、著作权法律关系

（一）著作权的客体

1. 作品的概念

作品是著作权法律关系的客体，是作者思想情感的表现。《中华人民共和国著作权法》（以下简称《著作权法》）规定，作品是指文学、艺术和科学领域内具有独创性并能以某种有形形式复制的智力成果。

2. 作品应具备的条件

（1）独创性

独创性也称原创性或初创性，是指一部作品经独立创作产生而具有的非模仿性（非抄袭性）和差异性。一部作品只要不是对一部已有作品的完全的或实质的模仿，而是作者独立构思的产物，在表现形式上与已有作品存在差异，就可以视为具有独创性，从而视为一部新产生的作品，而不是已有作品的翻版。

独创性是仅就作品的表现形式而言的，而不涉及作品中包含或反映的思想、信息和创作技法。

独创性也并不限于原始作品。改编、翻译、注释、编辑或整理已有作品而产生的演绎作品，尽管不是绝对独立构思的产物，但仍然是经过一定的创作活动产生的，而不是对改编、翻译、注释、编辑或整理同一部已有作品而产生的另一部演绎作品的完全的或实质的模仿，因而也具有独创性。

独创性与作品的文学、艺术或科学价值的大小无关，一幅由儿童独立完成的书法作品，即使艺术价值很小，也具有独创性。

（2）可复制性

可复制性是指作品已被创作出来，能够被感知，能够通过某种客观实在的具体形式进行复制。一般认为，任何一种文学、艺术和科学作品都是人的思想或情感的外在表现。它是人通过语言文字、符号、色彩或声音等媒体对作用于人脑的客观世界加以表现的产物。因此，如果对客观世界的认识还只是停留在人脑内部，没有通过某种媒体表现出来，如某种构思或设想，就不能算是一件作品而受到《著作权法》的保护。

3. 作品的种类

（1）文字作品

文字作品是指小说、诗词、散文、论文等以文字形式表现的作品。进一步说，是用语言文字符号记录的，用以表达作者思想情感的文学、艺术、自然科学、社会科学、工程技术作品的创作成果，包括小说（长、中、短篇）、诗歌、散文、论文、剧本、电影、电视创作、歌曲等表达方式，无论作者采用的是手写、打字、印刷、磁盘、光盘等记录方式，都是文字作品。

（2）口述作品

口述作品是指即兴的演说、授课、法庭辩论等以口头语言形式表现的作品。也就是用口头语言形式表现，未以任何物质载体固定的作品。例如，教师的讲课、人们在公众场合的即兴演讲、法庭辩论等。口述作品应当是以口述的方式创作产生的，用预先已有的文字作品加以口头表演的作品。例如，诗歌或散文的朗诵、播音员的播音、相声或小品演员的演出等，尽管有口述的过程，但其口述并非创作的过程，创作在口述之前都已经完成了，因而不属于口述作品。

（3）音乐、戏剧、曲艺、舞蹈、杂技艺术作品

①音乐作品

音乐作品是指以乐谱形式或未以乐谱形式表现的能演唱或演奏的带词或不带词的作品，如歌曲、交响乐等。应当指出的是，歌唱者、演奏者的表演不是音乐作品，而是对音乐作品的表达和再现，属于邻接权的客体。

②戏剧作品

狭义的戏剧是以古希腊悲喜剧为开端，在欧洲各国发展起来继而在世界广泛流行的舞台演出形式。广义的戏剧，如中国的戏曲等。我国所说的戏剧作品是指将人的连续动作同人的说唱表白有机地编排在一起，在舞台上进行表演，并通过表演来反映某一事物变化过程的作品。如话剧、歌剧、地方戏等。

③曲艺作品

曲艺是我国特有的民间艺术，主要以说、弹、唱等来表现其艺术性，主要包括相声、快板、评书、弹词、梅花大鼓等。

④舞蹈作品

舞蹈作品是指对舞蹈的动作设计程序的编排，它可以用文字或其他方式来记载，而舞蹈者的表演属于邻接权保护。

⑤杂技艺术作品

杂技艺术作品是《著作权法》修订后新增的作品类型。它是指杂技、魔术、马戏等通过形体动作和技巧表现的作品。

应当指出的是，音乐、戏剧、曲艺、舞蹈、杂技等作品，不包括表演者对作品的表演。表演者的表演只能受邻接权的保护。

（4）美术、建筑作品

美术作品是指绘画、书法、雕塑等以线条、色彩或者其他方式构成的平面或者立体的造型艺术作品。美术作品包括纯美术作品和实用美术作品。其中纯美术作品是指仅能够供人们观赏的独立的艺术作品，如油画、国画、版画、水彩画等。实用美术作品是指将美术作品的内容与具有使用价值的物体相结合，物体借助于美术作品的艺术品位而兼具观赏价值和实用价值，如陶瓷艺术等。

建筑作品是指以建筑物或者构筑物形式表现的有审美意义的作品。建筑作品属于以立体形式表现的作品。著作权法对于建筑物本身也作为作品的形式之一给予法律保护。受著作权法保护的作品必须具备独创性和可复制性，普遍使用的大众性建筑不具有排他性，如板楼的外形，因此不受《著作权法》的保护。

在外观、装饰、设计等方面具备独创性的建筑物，受到《著作权法》的保护，但是对于建筑物的构成材料、建筑方法不予以保护，并且建筑物外观、装饰、设计中的通用元素，属于公有领域的范围，也不受《著作权法》的保护。建筑作品的保护还应该包括建筑设计图、效果图和建筑模型等。但是依据《著作权法》对于作品的列举方式，这些作品被作为图形作品和模型作品给予保护。

（5）摄影作品

摄影作品是指借助器械在感光材料或者其他介质上记录客观物体形象的艺术作品。摄影本身是一种记录客观事物影像的技术手段，作者可以用它来创作作品。但是，并非所有的摄影都可以作为作品来保护，如果没有作者个性化色彩的简单翻拍的照片等纯复制性的摄影，因缺乏独创性而不能作为作品受到《著作权法》的保护。

（6）电影作品和以类似摄制电影的方法创作的作品

电影作品和以类似摄制电影的方法创作的作品是指摄制在一定物质上由一系列相关联的画面或加上伴音组成并且借助机械装置能放映、播放的作品，包括故事片、科教片、美术片等。电影是一种特殊作品，它是由众多作者创作的综合性艺术作品，如由小说作者、将小说改编成剧本的作者、将剧本改编成"分镜头剧本"的作者、拍摄影片的摄影作者、配曲配调的词曲作者、美工设计的作者等共同创作合成的。类似摄制电影的方法创作的作品，也即如同拍摄电影那样由诸多作者共同创作，并以拍摄电影的步骤制成的电视片、录像片和电影一样的作品。

(7) 图形、模型作品

图形作品是指为施工、生产绘制的工程设计图、产品设计图，以及反映地理现象、说明事物原理或者结构的地图、示意图等作品。

模型作品是指为展示、试验或者观测等用途，根据物体的形状和结构，按照一定比例制成的立体作品。

(8) 计算机软件

计算机软件即计算机程序及其有关文档。计算机程序是指为了得到某种结果而可以由计算机等具有信息处理能力的装置执行的代码化指令序列，或者可以被自动转换成代码化指令序列的符号化序列或者符号化语句序列。同一计算机程序的源程序和目标程序为同一作品。文档是指用来描述程序的内容、组成、设计、功能规格、开发情况、测试结果及使用方法的文字资料和图表等，如程序说明、流程图、用户手册等。对软件著作权的保护，不延及开发软件所用的思想、处理过程、操作方法或者数学概念等。由于计算机软件的特殊性，国务院专门颁布了《计算机软件保护条例》对计算机软件的保护做了规定。

(9) 法律、行政法规规定的其他作品

法律、行政法规规定的其他作品是指除上述八种著作权的客体之外的其他客体。由于科技文化的发展，人类社会的不断进步，新的著作权客体很有可能不断涌现出来，但是由于法律在一定程度上具有相对的滞后性，所以有必要规定一个弹性条款，以使著作权能够适应社会的向前发展，不至于使新出现的著作权客体不能受到著作权法的保护。

此外，我国的《著作权法》还规定对民间文学艺术作品也给予法律保护，但是具体保护办法由国务院另行规定。

(二) 著作权的主体

1. 著作权主体的概念

著作权主体称为著作权人，是指依照法律规定对特定作品享有著作权并承担相应义务的单位和个人，是著作权利益的承担者。《著作权法》规定，著作权人包括作者及其他依照本法享有著作权的公民、法人或者非法人单位。

2. 著作权主体的分类

按照主体形态分，有：①自然人；②法人；③其他组织；④国家。按是否直接创作分，有：①作者；②其他著作权人。按权利产生方式分，有：①原始著作权人。指在作品创作完成后，直接根据法律的规定或合同的约定，在作品完成时即对作品直接享有著作权的人。②继受著作权人。依照合同约定、继承、接受馈赠或其他法律规定的方式从原始著作权人那里取得著作权的人。按照国籍分，有本国人和外国人。

二、著作权的限制

（一）合理使用制度

1. 合理使用制度的概念

合理使用制度是指在特定条件下，法律允许他人自由使用享有著作权的作品而不必征得著作权人的同意，也不必向著作权人支付报酬的制度。

2. 合理使用制度的构成要件

第一，使用的作品已经发表，未发表的作品不属于合理使用的范围。

第二，使用的目的仅限于为个人学习、研究、欣赏，或者为了教学、科学研究、宗教或慈善事业，以及公共文化利益的需要。

第三，使用他人的作品时，不得侵犯著作权人的其他权利，并且必须注明作者姓名、作品名称。

3. 合理使用制度的内容

第一，为个人学习、研究或欣赏，使用他人已经发表的作品。

第二，为介绍、评论某一作品或者说明某一问题，在作品中适当引用他人已经发表的作品。

第三，为报道时事新闻，在报纸、期刊、广播电台、电视台等媒体中不可避免地再现或引用已经发表的作品。

第四，报纸、期刊、广播电台、电视台等媒体刊登或播放其他报纸、期刊、广播电台、电视台等媒体已经发表的关于政治、经济、宗教问题的时事性文章，但作者声明不许刊登、播放的除外。

第五，报纸、期刊、广播电台、电视台等媒体刊登或播放在公共集会上发表的讲话，但作者声明不许刊登、播放的除外。

第六，为学校课堂教学或科学研究，翻译或少量复制已经发表的作品，供教学或科研人员使用，但不得出版发行。

第七，国家机关为执行公务在合理范围内使用已经发表的作品。

第八，图书馆、纪念馆、博物馆、档案馆、美术馆为陈列或保存版本的需要，复制本馆收藏的作品。

第九，免费表演已经发表的作品，该表演未向公众收取费用，也未向表演者支付报酬。

第十，对设置或陈列在室外公共场所的艺术作品进行临摹、绘画、摄影、录像。

第十一，将中国公民、法人、其他组织已经发表的以汉语言文字创作的作品翻译成少数民族语言文字作品在国内出版发行。

第十二，将已经发表的作品改成盲文出版。

前款规定适用于对出版者、表演者、录音录像制作者、广播电台、电视台的权利的限制。

依照《著作权法》的有关规定，使用可以不经著作权人许可的已经发表的作品的，不得影响该作品的正常使用，也不得不合理地损害著作权人的合法利益。

(二) 法定许可制度

1. 法定许可制度的概念

法定许可制度是指依《著作权法》的规定，使用者在使用他人已经发表的作品时，可以不经著作权人的许可，但应向其支付报酬，并尊重著作权人其他权利的制度。

2. 法定许可制度的内容

第一，为实施九年制义务教育和国家教育规划而编写出版教科书，除作者事先声明不许使用的以外，可以不经著作权人许可，在教科书中汇编已经发表的作品片段或短小的文字作品、音乐作品或单幅的美术作品或摄影作品，但应当按照规定支付报酬，指明作者姓名、作品名称，并且不得侵犯著作权人享有的其他权利。

第二，录音制作者使用他人已经合法录制为录音制品的音乐作品制作录音制品，可以不经著作权人许可，但应当按照规定支付报酬，著作权人声明不许使用的不得使用。

第三，广播电台、电视台播放他人已经发表的作品，可以不经著作权人许可，但应当支付报酬。

第四，广播电台、电视台播放已经出版的录音制品，可以不经著作权人许可，但应当支付报酬。当事人另有约定的除外。具体办法由国务院另行规定。

第五，作品刊登后，除著作权人声明不得转载、摘编的外，其他报刊可以转载或者作为文摘、资料刊登，但应当按照规定向著作权人支付报酬。

以上规定也适用于对出版者、表演者、录音录像制作者、广播电台、电视台的权利的限制。

合理使用与法定许可，相比较而言，都侧重于社会公共利益，并且使用他人的作品均无须征得著作权人的许可。但是两者也有区别：①合理使用没有主体范围的限制，而法定许可往往针对录音制作者、广播电台、电视台和报纸、杂志等主体；②合理使用无须向著作权人支付报酬，而法定许可须向其支付报酬；③法定许可中存在著作权人声明不许使用的则不得使用的情况，而合理使用则无此限制。

三、邻接权

（一）邻接权的概念

"邻接权"一词译自英文 neighboring right，又称作品传播者权，是指与著作权相邻近的权利，是作品传播者对其传播作品过程中所做出的创造性劳动成果和投资所享有的权利。邻接权是在传播作品中产生的权利。作品创作出来后，须在公众中传播，传播者在传播作品中有创造性劳动，这种劳动亦应受到法律保护。传播者传播作品而产生的权利被称为著作权的邻接权。邻接权与著作权密切相关，又是独立于著作权之外的一种权利。

在我国，邻接权主要是指出版者的权利、表演者的权利、录像制品制作者的权利、录音制作者的权利、电视台对其制作的非作品的电视节目的权利、广播电台的权利。

（二）出版者权

1. 图书出版者的专有出版权

专有出版权是指图书出版者对著作权人交付的作品，在合同约定的有效期和地域范围内，享有的以同种文字的原版、修订版和缩印本的方式出版图书的独占专有权利。如果著作权人与出版者订立的图书出版合同中对专有出版权的具体内容另有约定，则应以合同的约定内容为准。图书出版者取得出版某作品的专有出版权，则意味着其取得了复制该作品并将该作品的复制品向公众发行的权利，并且此项权利为该出版者独占，任何他人包括著作权人自己也不得再以相同的方式出版该作品。

2. 版式设计权

版式设计权是指出版者有权许可或禁止他人使用其出版的图书、期刊的版式设计。所谓版式设计是指出版者出版图书、刊登文章所使用的排版格式和版面布局造型，如出版所用的开本、字体、字形、篇章结构安排等。版式设计是出版者在复制作品的工作中，经过编辑工作的独创性劳动成果，因此出版者对该智力成果依法拥有专有权。

3. 作品文字修改权

出版者可以对其出版的作品做文字性修改、删节，包括语句通顺、文字润色、标点符号使用的修正等，是不改动作品内容的文字变动和处理。这里需要注意的是，图书出版者与报社、期刊社对作品文字修改的权限有所不同。图书出版者对文字作品的修改，须经过作者的许可；报社、期刊社对作品文字内容的修改，应当经过作者的许可，而对作品只做文字性修改则无须经过作者的同意。

4. 出版者的义务

出版者的主要义务如下：

第一，按合同约定或国家规定向著作权人支付报酬。

第二，按照合同约定的出版质量、期限出版图书。

第三，重版、再版作品的，应当通知著作权人，并支付报酬。

第四，出版改编、翻译、注释、整理已有作品而产生的作品，应当取得演绎作品的著作权人和原作品的著作权人许可，并支付报酬。

第五，对出版行为的授权、稿件来源的署名、所编辑出版物的内容等尽合理的注意义务，避免出版行为侵犯他人的著作权等民事权利。

第三节　专利法

一、专利法律关系

（一）专利权的客体

1. 专利权客体的概念与种类

（1）发明

发明是指对产品、方法或者其改进所提出的新的技术方案。

发明不同于科学发现，发明主要是创造出过去没有的事物，发现主要是揭示未知事物的存在及其属性。发明是新颖的技术成果，不是单纯仿制已有的器物或重复前人已提出的方案和措施。一项技术成果，如果在已有技术体系中能找到在原理、结构和功能上同一的东西，则不能叫作发明。发明不仅要提供前所未有的东西，而且要提供比以往技术更为先进的东西，即在原理、结构，特别是功能效益上优于现有技术。发明总是既有继承又有创造，在一般情况下大都有先进性。发明必须是有应用价值的创新，它有明确的目的性，有新颖的和先进的实用性。发明方案既要反映外部事物的属性、结构和规律，又要体现自身的需要。

（2）实用新型

实用新型是指对产品的形状、构造或者其结合所提出的适于实用的新的技术方案。

实用新型专利一般是指对产品，如机器、设备、仪表、装置、用具等有形物的形状、构造或者它们的结合的革新创造，也有人称之为小发明。实用新型保护的是有形物，该有形物应当是经过工业方法制造占据一定空间的实体。没有一定形状的液体、粉末材料等方面的发明不属于实用新型专利的保护范围。没有确定空间形状的气体、液体、粒散体、由于堆放方法而构成某种形状的临时性物体、只具有二维的平面图形（如表格、图形、文字、刻度）等都不是实用新型专利的保护对象。

对于现有技术的改进和提高，对物品的形状、构造改进后产生积极效果的，如对牙刷刷毛的形状进行改进设计，使刷毛形状与人体牙齿接触的面积增大，提高了牙刷的使用效果并延长了使用寿命；又如多用途台灯，在台灯上巧妙装上微风扇，体积小，使用方便；将定向脚轮改成球形万向脚轮；方便装卸的车辆滑行装置；在书写台板上装取暖装置，天冷时供使用者取暖等。诸如此类的改进型发明均可以申请实用新型专利。

（3）外观设计

外观设计是指对产品的形状、图案或者其结合，以及色彩与形状、图案的结合所做出的富有美感并适于工业应用的新设计。

2. 不受专利法保护的对象

第一，对违反法律、社会公德或者妨害公共利益的发明创造，不授予专利权。对违反法律、行政法规的规定获取或者利用遗传资源，并依赖该遗传资源完成的发明创造，不授予专利权。

第二，科学发现。

第三，智力活动的规则和方法。例如，交通行车规则，各种语言的语法，速算法或口诀，心理测验方法，各种游戏、娱乐的规则和方法，乐谱，食谱，棋谱，计算机程序本身等。

第四，疾病的诊断和治疗方法。例如诊脉法、心理疗法、按摩、为预防疾病而实施的各种免疫方法、以治疗为目的的整容或减肥等。但是药品或医疗器械可以申请专利。

第五，动物和植物品种。

第六，用原子核变换方法获得的物质。

第七，对平面印刷品的图案、色彩或者二者的结合做出的主要起标志作用的设计。对前款第四项所列产品的生产方法，可以依照《专利法》的规定授予专利权。

3. 授予专利权的发明和实用新型的条件

（1）新颖性

新颖性是指该发明或者实用性不属于现有技术，也没有任何单位或者个人就同样的发明或者实用新型在申请日以前向国务院专利行政部门提出过申请，并记载在申请日以后公布的专利申请文件或者公告的专利文件中。

（2）创造性

创造性是指与现有技术相比，该发明具有突出的实质性特点和显著进步，该实用新型具有实质性特点和进步。

突出的实质性特点是指发明与现有技术相比，具有明显的本质区别，对于发明所属技术领域的普通技术人员来说，不是显而易见的。普通技术人员不能直接从现有技术中提出该发明的全部必要的技术特征，也不能通过逻辑分析、推理或者实验而得到。显著的进步是指从发明的技术效果上看，与现有技术相比具有长足的进步，这种进步表现在发明解决了人们一直渴望解决，但始终没有获得成功的技术难题，或者该发明取得了意想不到的技术效果，或者代表着某种新技术趋势。

对于实用新型来说，它的创造性比发明要低，只要与现有技术相比有所区别和进步，就可以认为该实用新型具备了创造性。

（3）实用性

实用性是指该发明或者实用新型能够制造或者使用，并且能够产生积极效果。

4. 授予专利权的外观设计的条件

授予专利权的外观设计应当具备新颖性和实用性两个条件。

外观设计的新颖性与发明或实用新型的新颖性的要求基本一致，它是指授予专利权的外观设计与现有设计或者现有设计特征的组合相比，应当具有明显区别。所称现有设计，是指申请日以前在国内外为公众所知的设计。《专利法》提高了授予外观设计专利权的实质性条件，即对通过模仿现有设计或者简单拼凑现有设计特征而形成的外观设计不予授权。另外，《专利法》还规定"对平面印刷品的图案、色彩或者二者的结合做出的主要起标志作用的设计"不授予外观设计专利等。

外观设计是对产品的形状、图案或者其结合，以及色彩与形状、图案的结合所做出的富有美感并适于工业上应用的新设计，不能脱离工业产品而独立存在，因此，外观设计必须能够在工业中应用，具备工业实用性。

5. 外观设计不得与他人在先取得的合法权利相冲突

实践中有时出现外观设计专利申请人未经他人同意将他人在先的著作权或商标权的客体进行专利申请，如工艺美术作品和商标标志设计等。为此，《专利法》规定"授予专利权的外观设计不得与他人在申请日以前已经取得的合法权利相冲突"。此外，在先权利应该是申请日前已取得的权利。

（二）专利权的主体

1. 发明人、申请人和专利权人

（1）发明人

发明人即直接完成发明创造的人，也就是对于发明创造的实质性特点做出创造性贡献的人。发明人只能是自然人，而且没有行为能力的限制。发明人应具备的条件如下：

第一，发明人必须是直接参加发明创造活动的人。

第二，发明人必须在整个发明创造中居于核心地位，对发明创造的实质性特点做出创造性贡献。

（2）申请人

申请人是指就一项发明创造向国家专利行政主管机关提出专利申请的人，一般就是发明人。

（3）专利权人

专利权人即获得专利权证书的人，享有专利权。

2. 职务发明创造、合作发明创造和委托发明创造中的发明人、申请人和专利权人

（1）职务发明创造

职务发明创造是指发明人或设计人执行本单位的任务或者主要是利用本单位的物质技术条件所完成的发明创造。职务发明创造申请专利的权利属于该单位；申请被批准后，该单位为专利权人。

(2) 合作发明创造

由两人或两人以上共同完成的一项发明创造即为合作发明。

合作发明专利权的归属由合作开发合同约定。合同有约定的按照其约定；合同没有约定的双方应当共同申请专利，获得专利权以后属于合作人共有专利权。合作人可以通过协商一致的方式来行使专利权。

(3) 委托发明创造

委托完成的发明创造简称委托发明，是指一方提供经费和报酬，委托另一方进行研究开发所完成的发明创造。委托开发一般有两种情况：一是国家主管机构或者上级单位委托所属单位研究开发某一技术；二是平等的民事主体之间委托进行研究和开发。

对于委托发明创造，除另有协议外，申请专利的权利属于完成的单位或者个人；申请被批准后，申请的单位或者个人为专利权人。也就是说，委托开发完成的发明创造，可以由各方在委托开发合同中约定其申请专利的权利的归属。如果委托协议中没有就发明创造约定专利申请权的归属或约定不明的，专利申请权归受托方。委托关系的受托方是专利申请权人，申请被批准后受托方是专利权人。

(三) 专利权的内容

1. 专利权人的权利

(1) 独占实施权

独占实施权包括两方面：①专利权人自己实施其专利的权利，即专利权人对其专利产品依法享有的进行制造、使用、销售、允许销售的专有权利，或者专利权人对其专利方法依法享有的专有使用权，以及对依照该专利方法直接获得的产品的专有使用权和销售权；②专利权人禁止他人实施其专利的特权。除《专利法》另有规定的以外，发明和实用新型专利权人有权禁止任何单位或者个人未经其许可实施其专利，即为生产经营目的制造、使用、销售、许诺销售、进口其专利产品，或者使用其专利方法以及使用、销售、许诺销售、进口依照该专利方法直接获得的产品；外观设计专利权人有权禁止任何单位或者个人未经其许可实施其专利，即为生产经营目的制造、销售、进口其外观设计专利产品。

(2) 转让权

转让权是指专利权人将其获得的专利所有权转让给他人的权利。转让专利权的，当事人应当订立书面合同，并向国务院专利行政部门登记，由国务院专利行政部门予以公告。专利权的转让自登记之日起生效。中国单位或者个人向外国人转让专利权的，必须经国务院有关主管部门批准。

(3) 许可实施权

许可实施权是指专利权人通过实施许可合同的方式，许可他人实施其专利并收取专利使用费的权利。

(4) 标记权

标记权即专利权人有权自行决定是否在其专利产品或者该产品的包装上标明专利标记和专利号。

(5) 请求保护权

请求保护权是专利权人认为其专利权受到侵犯时，有权向人民法院起诉或请求专利管理部门处理以保护其专利权的权利。

(6) 放弃权

专利权人可以在专利权保护期限届满前的任何时候，以书面形式声明或以不缴纳年费的方式自动放弃其专利权。《专利法》规定："专利权人以书面声明放弃其专利权的，专利权在期限届满前终止。"专利权人提出放弃专利权声明后，一经国务院专利行政部门登记和公告，其专利权即可终止。放弃专利权时须注意以下几点：①在专利权由两个以上单位或个人共有时，必须经全体专利权人同意才能放弃；②专利权人在已经与他人签订了专利实施许可合同许可他人实施其专利的情况下，放弃专利权时应当事先得到被许可人的同意，并且还要根据合同的约定，赔偿被许可人由此造成的损失，否则专利权人不得随意放弃专利权。

2. 专利权人的义务

(1) 按规定交纳专利年费的义务

专利年费又称专利维持费。《专利法》规定，专利权人应当自被授予专利权的当年开始交纳年费。未按规定交纳年费的，可能导致专利权终止。此外，职务发明创造专利的单位，在授予专利权后，应当按照规定对发明人或设计人进行奖励；专利实施后，根据其推广应用所取得的经济效益，应按规定向发明人或者设计人支付合理的报酬。

(2) 不得滥用专利权的义务

不得滥用专利权是指专利权人应当在法律所允许的范围内选择其利用专利权的方式并适度行使自己的权利，不得损害他人的知识产权和其他合法权益。

二、专利权的取得

(一) 申请

1. 专利申请的原则

(1) 申请单一性原则

申请单一性原则是指一件专利申请只能限于一项发明创造。但是属于一个总的发明构思的两项以上的发明或者实用新型,可以作为一件申请提出;用于同一类别并且成套出售或者使用的产品的两项以上的外观设计,可以作为一件申请提出。

(2) 先申请原则

两个以上的人就同一发明创造提出专利授权申请的,授予最先提出申请的人专利权。同时提出申请的,由各申请人协商,协商不成的驳回申请。

(3) 优先权原则(申请日的优先权日)

专利优先权是指专利申请人就其发明创造第一次在某国提出专利申请后,在法定期限内,又就相同主题的发明创造提出专利申请的,根据有关法律规定,其在后申请以第一次专利申请的日期作为其申请日,专利申请人依法享有的这种权利,就是优先权。专利优先权的目的在于,排除在其他国家抄袭此专利者,有抢先提出申请,取得注册之可能。专利优先权可分为国际优先权和国内优先权。

(4) 形式法定原则

申请专利的各种手续都应当以书面形式或者国家知识产权局规定的其他形式办理。以口头、电话、实物等非书面形式办理的各种手续,或者以电报、电传、传真、胶片等直接或间接产生印刷、打字或手写文件的通信手段办理的各种手续均视为未提出,不产生法律效力。

2. 专利申请文件

(1) 申请发明和实用新型应当提交的文件

申请发明或者实用新型专利的,应当提交请求书、说明书及其摘要和权利要求书等文件。

(2) 申请外观设计专利应当提交的文件

申请外观设计专利的,应当提交请求书及该外观设计的图片或者照片等文件,并且应当写明使用该外观设计的产品及其所属的类别。

3. 专利申请日

专利局收到专利申请文件之日为申请日。如果申请文件是邮寄的，以寄出的邮戳日为申请日；申请人享有优先权的，优先权日视为申请日。

（二）专利申请的审查与授权

1. 发明专利的审查与授权

（1）初步审查

国务院专利行政部门在受理发明专利申请后，应对该申请在形式上是否符合专利法的规定进行审查。

（2）专利申请的修改和撤回

国务院专利行政部门在初步审查后，应将审查意见通知申请人，要求其在指定的期限内陈述意见或补正。申请人期满未答复的，其申请被视为撤回。申请人陈述意见或补正后，专利局仍认为不符合《专利法》规定的形式要求的，应当予以驳回。

（3）公开

①自动公开

发明专利申请经初步审查认为符合《专利法》要求的，自申请日起满18个月，即行公布。

②早期公开

国务院专利行政部门可以根据申请人的请求早日公布其申请。

（4）实质审查

①实质审查申请

发明专利申请自申请日起3年内，专利局可以根据申请人随时提出的请求，对其申请进行实质审查，申请人无正当理由逾期请求实质审查的，该申请即被视为撤回。

②依职权进行的实质审查

专利局认为必要的时候，可以自行对发明专利申请进行实质审查，但应当通知申请人。

（5）授权与驳回

发明专利申请经实质审查没有发现驳回理由的，专利局将做出授予发明专利权的决定，发给发明专利证书，并予以登记和公告。

对于不符合授权条件的，应当通知申请人，要求其在指定的期限内陈述意见，或者对

第六章　破产法与经济纠纷的解决

第一节　破产法

一、破产法概述

(一) 破产的概念和法律特征

1. 破产的概念

"破产"在法律语境下指在债务人无力偿还债务，以其财产对债权人进行公平清偿的程序。我国《破产法》对破产做了如下界定：企业法人不能清偿到期债务，并且其资产不足以清偿全部债务或者明显缺乏清偿能力的，法院依据债务人或债权人的申请，对债务人的财产予以清算，并按照法定程序将其分配给债权人的法律制度。

2. 破产的法律特征

破产作为一种经济现象是市场经济竞争的必然产物，作为一种法律制度是国家为了保障债权人的合法权益和维护正常的交易秩序而设立的一种特殊的债务清偿手段。破产的法律特征主要表现在以下三方面。

(1) 破产以债务人不能清偿到期债务为前提

破产以债务人不能履行到期债务为前提，债务人资产状况恶化，信用崩溃，致使不能清偿到期的债务，债权人债权的实现出现了严重障碍，正常的社会交易秩序已经受到破坏，只能通过一定的特殊程序将债务人的财产强制分配给债权人，以助债权实现和社会经济秩序的正常运行。资不抵债是破产的重要原因，但并不必然导致企业破产，不能清偿到期债务，才是导致企业破产的直接原因，是认定债务人破产的必要条件。

(2) 破产是在法院的主导下对债务人财产的强制清算与公平清偿

当债务人丧失清偿能力时，由法院主持对其财产、债权和债务进行强制性清理，并在其申请进行修改。经过修改后符合条件的，做出授权的决定。无正当理由逾期不答复的，该申请被视为撤回。

发明专利申请经申请人陈述意见或者进行修改后，国务院专利行政部门仍然认为不符合《专利法》规定授权条件的，应当予以驳回。

所有债权人中加以公平分配,这是因为破产是法律规定的强制程序,而非当事人意志自由的结果。

(3) 破产是一种特殊的清偿债务的程序

第一,破产须以两个以上的债权人为条件;否则,债权完全可以通过一般民事诉讼程序和民事执行程序获得清偿。第二,破产是以债务人的全部财产作为清偿债务的基础,一般的债务清偿是以债权债务的标的额为限。第三,破产是以债务人的主体资格的消失为直接后果。第四,破产是以债权人或债务人的申请而发动的特殊诉讼程序。

(二) 破产法概述

1. 破产法的立法宗旨

(1) 规范企业破产程序

规范企业破产程序,完善市场主体退出机制是破产法立法的基本诉求。

(2) 公平清理债权债务

破产是一种概括的执行程序,目的之一就是剥夺不能清偿到期债务的债务人对其全部财产的管理处分权,让全体债权人获得公平受偿的机会。

2. 破产法的基本原则

(1) 司法干预原则

破产的司法干预原则是指是否宣告企业法人破产及整个破产程序必须在法院的监督和指导之下进行,非经法院的司法审查和干预不产生法律效果。

(2) 公平原则

《破产法》的立法目的之一是公平保护债权人和债务人的合法权益,因此,公平是破产程序应当实现的最为重要的价值目标。

(3) 保护破产企业职工合法权益和追究经营者责任原则

《破产法》明确规定:人民法院审理破产案件,应当依法保障企业职工的合法权益,依法追究破产企业经营管理人员的法律责任。这是人民法院审理破产案件时所应遵循的基本原则,也是我国《破产法》的特有原则。

3. 破产的管辖和域外效力

(1) 破产案件的管辖

破产案件的管辖是指各级人民法院及同级人民法院之间受理破产案件的分工与权限。各国立法在规定破产案件的管辖权时,往往从是否有利于当事人参加破产程序、是否有利于法院对破产案件进行审理这两个层面上考虑。《破产法》明确规定破产案件由债务人住所地人民法院管辖。

(2) 域外势力

随着现代国际经济交往的日益频繁,国家之间的经济贸易合作日益广泛,当事人的住所地位于国内但在国外拥有财产的现象已十分普遍,特别是跨国企业的出现更是愈加模糊了财产的国际界限,必然产生国内法院的破产程序对破产人的约束是否可及于破产人在国外的财产及在国外所为的行为的问题。因此,《破产法》对破产程序的域外效力问题做出了明确规定:本国开始的破产程序,效力及于债务人在国外的财产,在国外开始的破产程序,经人民法院裁定,可以对债务人在国内的财产发生效力。

二、破产的申请与受理

(一) 破产原因

破产原因,通常又称为破产界限,是指债务人具有的能够宣告破产的原因或者根据。破产原因是债权人申请债务人破产或者债务人申请自身破产的前提,也是法院判断破产申请能否成立以及能否做出破产宣告的重要根据。在《破产法》上,对破产原因有两种立法方式,即概括式和列举式。前者是指将破产原因做出概括性的规定,大陆法系国家一般采用这种方式,后者是指将构成破产的各种原因一一列举,只要符合法律规定或者判例要求就可以对债务人开始破产程序,英、美、法等国家一般采用这种立法方式。

我国《破产法》关于破产原因采取的是概括式立法模式,《破产法》对所有破产主体的破产原因做出了明确而统一的规定,将破产原因界定为:不能清偿到期债务并且资产不足以清偿全部债务或者明显缺乏清偿能力。

(二) 破产申请

1. 破产申请人

破产申请人就是指有资格向法院提出破产申请,从而启动破产程序的人。我国《破产法》规定:"债务人有本法相关规定的情形,可以向人民法院提出重整、和解或者破产清算申请。债务人不能清偿到期债务,债权人可以向人民法院提出对债务人进行重整或者破产清算的申请。企业法人已解散但未清算或者未清算完毕,资产不足以清偿债务的,依法负有清算责任的人应当向人民法院申请破产清算。"可见,债务人、债权人、依法负有清算责任的人均有权提出破产申请。其目的就是加重清算责任人的法律责任,防止因其不作为或怠于作为,从而造成破产程序无法正常启动,企业负债被恶意拖欠。

2. 破产申请提交的材料

《破产法》规定提出破产申请所应向法院提交的材料,针对不同的破产申请人,法律规定所应提交的材料也有所不同。

债权人和破产清算人提出的破产申请,应当提交破产申请书和有关证据。破产申请书应当载明下列事项:①申请人、被申请人的基本情况;②申请目的;③申请的事实和理由;④人民法院认为应当载明的其他事项。所谓有关证据,法律虽未明确规定,但一般认为应当包括以下证据:①债权发生、性质、数额的相关证据;②债权有无担保及其证据;③债务人不能清偿到期债务的证据。

债务人提出的破产申请,除应提交破产申请书和有关证据外,出于保护破产企业职工合法权益的需要,还应提交财产状况说明、债务清册、债权清册、有关财务会计报告、职工安置预案,以及职工工资的支付和社会保险费用的缴纳情况等材料。

3. 破产申请的撤回

《破产法》明确规定:人民法院受理破产申请前,申请人可以请求撤回申请。但是,是否准许其撤回申请应由法院审查并做出裁定。

(三) 破产申请的受理

1. 破产申请的审查

(1) 破产申请受理期限

债权人提出破产申请的,人民法院应当自收到申请之日起 5 日内通知债务人。债务人对申请有异议的,应当自收到人民法院的通知之日起 7 日内向人民法院提出。人民法院应当自异议期满之日起 10 日内裁定是否受理。债务人无异议的,人民法院应当自收到破产申请之日起 15 日内裁定是否受理。有特殊情况需要延长前述裁定受理期限的,经上一级人民法院批准,可以延长 15 日。

(2) 裁定送达的期限

受理裁定送达的期限,人民法院受理破产申请的,应当自裁定做出之日起 5 日内送达申请人,债权人提出申请的,人民法院应当自裁定做出之日起 5 日内送达债务人。债务人应当自裁定送达之日起 15 日内,向人民法院提交财产状况说明、债务清册、债权清册、有关财务会计报告以及职工工资的支付和社会保险费用的缴纳情况。

不受理裁定送达的期限。人民法院裁定不受理破产申请的,应当自裁定做出之日起 5

日内送达申请人并说明理由。申请人对裁定不服的，可以自裁定送达之日起10日内向上一级人民法院提起上诉。

驳回裁定送达的期限，人民法院受理破产申请后至破产宣告前，经审查发现债务人不符合破产申请条件的，可以裁定驳回申请。申请人对裁定不服的，可以自裁定送达之日起10日内向上一级人民法院提起上诉。

2. 破产申请受理的通知和公告

《破产法》规定："人民法院应当自裁定受理破产申请之日起25日内通知已知债权人，并予以公告。通知和公告应当载明下列事项：①申请人、被申请人的名称或者姓名；②人民法院受理破产申请的时间；③申报债权的期限、地点和注意事项；④管理人的名称或者姓名及其处理事务的地址；⑤债务人的债务人或者财产持有人应当向管理人清偿债务或者交付财产的要求；⑥第一次债权人会议召开的时间和地点；⑦人民法院认为应当通知和公告的其他事项。"

3. 破产申请受理的法律效力

（1）管理人的产生

《破产法》规定："人民法院裁定受理破产申请的，应当同时指定管理人。"管理人对破产申请前成立而债务人和对方当事人均未履行完毕的合同有权决定解除或者继续履行，并通知对方当事人。管理人自破产申请受理之日起两个月内未通知对方当事人，或者自收到对方当事人催告之日起30日内未答复的，视为解除合同。管理人决定继续履行合同的，对方当事人应当履行；但是，对方当事人有权要求管理人提供担保，管理人不提供担保的，视为解除合同。

（2）对债务人的有关人员的效力

所谓有关人员是指债务人的法定代表人或经人民法院决定的其财务管理人员和其他经营管理人员。自人民法院受理破产申请的裁定送达债务人之日起至破产程序结束之日，债务人的有关人员负有以下义务：①妥善保管其占有和管理的财产、印章和账簿、文书等资料；②根据人民法院、管理人的要求进行工作，并如实回答询问；③列席债权人会议并如实回答债权人的询问；④未经人民法院许可，不得离开住所地；⑤不得新任其他企业的董事、监事、高级管理人员。

（3）债务人的效力

法院受理破产申请后，债务人对个别债权人的债务清偿无效，其目的是保证债权人公平受偿，防止因为债务个别清偿而损害其他债权人的合法权益。

(4) 对债务人的债务人或财产持有人的效力

法院受理破产申请后,债务人的债务人或者财产持有人应当向管理人清偿债务或者交付财产。债务人的债务人或者财产持有人故意违反前款规定向债务人清偿债务或者交付财产,使债权人受到损失的,不免除其清偿债务或者交付财产的义务。

(5) 对债权人的效力

未到期债权视为到期。在破产程序开始时,尚未到期的债权的债权人也有权申报债权,但是在计算债权额时,应扣除期限利益。

债权人不得接受债务人的个别清偿,所有债权人应服从破产程序,通过破产程序行使债权。

(6) 对相关法律程序的效力

法院受理破产申请后,有关债务人财产的保全措施应当解除,执行程序应当中止。已经开始而尚未终结的有关债务人的民事诉讼或者仲裁应当中止;在管理人接管债务人的财产后,该诉讼或者仲裁继续进行。有关债务人的民事诉讼,只能向受理破产申请的人民法院提起。以债务人为原告的其他民事纠纷,区分两种不同情况处理:案件尚在一审程序的,受诉人民法院应当将案件移送受理破产案件的人民法院;案件已经进行到二审程序的,受诉人民法院应当继续受理。

三、管理人

(一) 管理人的资格和任命

1. 管理人的任职资格

(1) 机构管理人

《破产法》规定可以由有关部门、机构的人员组成的清算组或者依法设立的律师事务所、会计师事务所、破产清算事务所等社会中介机构担任。

(2) 自然人管理人

根据《破产法》的规定,自然人管理人由社会中介机构具备相关专业知识并取得执业资格的人员担任,同时应当参加执业责任保险。

(3) 排除条件

《破产法》规定有下列情形之一的,不得担任管理人:①因故意犯罪受过刑事处罚;②曾被吊销相关专业执业证书;③与本案有利害关系;④人民法院认为不宜担任管理人的其他情形。

2. 管理人的选任和更换

《破产法》对管理人的任选方式做出了明确规定，即管理人由人民法院指定，债权人会议认为管理人不能依法、公正执行职务或者有其他不能胜任职务情形的，可以申请人民法院予以更换。

(二) 管理人的职责

(1) 全面接管债务人财产

包括接管债务人的财产、印章和账簿、文书等资料，以及调查债务人财产状况做财产状况报告等。

(2) 负责债务人必要的经营活动

管理人需要决定债务人的内部管理事务，决定债务人的日常开支和其他必要开支；并应在第一次债权人会议召开之前，决定继续或者停止债务人的营业。

(3) 管理、处分、评估和分配债务人的财产

这是管理人最重要的一项职责，也是设立管理人制度的目的所在。

(4) 代表债务人参加诉讼、仲裁或者其他法律程序

破产程序正式启动后，不但债务人的财产由管理人全面接管，债务人有限的行为能力也全部由管理人代为行使，其中就包括债务人参加诉讼、仲裁等法律程序的能力。

(5) 行使其他应行使的职责

包括提议召开债权人会议，履行或终止债务人合同及人民法院认为管理人应当履行的其他职责等。

(三) 管理人的权利、义务

1. 管理人的权利

(1) 处分债务人财产的权利

管理人报请债权人委员会或人民法院许可后，可以行使处分债务人财产的权利。

(2) 聘请工作人员的权利

管理人经人民法院许可，可以聘请必要的工作人员。

(3) 取得报酬的权利

管理人有权取得报酬，其报酬由人民法院确定。债权人会议对管理人的报酬有异议的，有权向人民法院提出。

2. 管理人的义务

第一，勤勉尽责，忠实执行职务的义务。

第二，重大事项报告义务。管理人在决定停止或继续债务人业务、处分债务人财产时，应当履行向债权人委员会或人民法院报告的义务。

第三，接受监督的义务。《破产法》规定，管理人除了要接受法院的监督之外，还要接受债权人委员会和债权人会议的监督。

第四，无正当理由不得辞职的义务。管理人辞去职务应当经人民法院许可。

四、债务人财产

(一) 债务人财产的概念和范围

1. 债务人财产的概念

根据我国《破产法》的规定，债务人财产，是指破产申请受理时属于债务人的全部财产，以及破产申请受理后至破产程序终结前债务人取得的财产，债务人财产与破产财产的概念是有所区别的。所谓破产财产，是指破产宣告后，可以依照破产程序进行清偿的债务人财产。可见债务人财产与破产财产的区分主要在于二者所处的阶段不同。

2. 债务人财产的范围

对于债务人财产的范围的规定上，目前有两种不同的立法体例：一种被称为"固定主义"，即债务人财产的范围以破产程序开始时债务人拥有的财产为限；另一种则被称为"膨胀主义"，即债务人的财产以破产程序终结时所拥有的财产为限，我国《破产法》规定："破产申请受理时属于债务人的全部财产，以及破产申请受理后至破产程序终结前债务人取得的财产，为债务人财产。"可见，我国采取的是膨胀主义的立法体例，以加强对债权人权益的保护。

依照《破产法》，债务人财产应包括以下两项。

第一，破产申请时，债务人所拥有的全部财产，包括债务人所拥有的全部固定资产和流动资产，以及债务人所拥有的股权、专利权、商标权等财产性权利，前者如厂房机器设备、库存原材料和产品及流动资金，后者如企业的商标或者土地使用权等。

第二，破产申请受理后至破产程序终结前债务人所取得的财产，包括继续履行合同所取得的收益、破产期间经营活动所取得的收益、破产财产的孳息等。

(二) 管理人对债务人财产的处置权

1. 撤销权

人民法院受理破产申请前一年内，涉及债务人财产的下列行为，管理人有权请求人民法院予以撤销：①无偿转让财产的；②以明显不合理的价格进行交易的；③对没有财产担保的债务提供财产担保的；④对未到期的债务提前清偿的；⑤放弃债权的。

人民法院受理破产申请前6个月内，债务人不能清偿到期债务，并且资产不足以清偿全部债务或者明显缺乏清偿能力的，仍对个别债权人进行清偿的，管理人有权请求人民法院予以撤销并追回财产。但是，个别清偿使债务人财产受益的除外。

2. 追回权

管理人在管理债务人财产期间，应当将那些属于债务人所有但是却不在管理人支配之下的财产予以追回。主要有以下三部分。

（1）因债务人行为被确认无效而追回的财产

涉及债务人财产的下列行为被宣告行为无效后，管理人有权追回相应财产：①为逃避债务而隐匿、转移财产的；②虚构债务或者承认不真实的债务的。

（2）因出资人未履行义务而追回的财产

人民法院受理破产申请后，债务人的出资人尚未完全履行出资义务的，管理人要求该出资人缴纳所认缴的出资，不受出资期限的限制。

（3）追回债务人的管理层侵占的财产

债务人的董事、监事和高级管理人员利用职权从企业获取的非正常收入和侵占的企业财产，管理人应当追回。

3. 对质物或者留置物的取回权

法院受理破产申请后，管理人可以通过清偿债务或者提供为债权人接受的担保，取回质物、留置物。债务清偿或者替代担保，在质物或者留置物的价值低于被担保的债权额时，以该质物或者留置物当时的市场价值为限。

4. 破产取回权

破产取回权是指财产的权利人可以不依照破产程序，直接从管理人占有和管理的债务人财产中取回原本不属于债务人财产的权利。破产取回权是一种物的返还请求权，要满足三项要件：①以债务人占有请求人财产的事实为前提；②以特定物为请求标的；③以该物的原物返还为请求内容。缺少这三项条件之一的，不构成破产取回权。

《破产法》规定的破产取回权包括两方面。第一，人民法院受理破产申请后，债务人占有的不属于债务人的财产，该财产的权利人可以通过管理人取回。第二，人民法院受理破产申请时，出卖人已将买卖标的物向作为买受人的债务人发运，债务人尚未收到且未付清全部价款的，出卖人可以取回在运途中的标的物。但是，管理人可以支付全部价款，请求出卖人交付标的物。

5. 破产抵销权

破产抵销权是指债权人在破产申请受理前对债务人负有债务的，可以不按照破产程序，以自己的债权与自己所负的债务的相应数额相互抵销的权利。破产法上的抵销权源于民法中债的抵销权，实质上是一种优先受偿权。破产抵销权具有两个特征：第一，债权人对债务人负有的债务必须在破产申请受理前成立；第二，债权人只能向破产程序中的管理人主张抵销。

在破产程序中，为保护对破产债务人负有债务的债权人，节省互为给付和互受给付所生费用，大多数国家的法律都在破产程序中允许破产债权债务的抵销。我国《破产法》规定债权人在破产申请受理前对债务人负有债务的，可以向管理人主张抵销。但是有下列情形之一的，不得抵销。①债务人的债务人在破产申请受理后取得他人对债务人的债权的。②债权人已知债务人有不能清偿到期债务或者破产申请的事实，对债务人负担债务的；但是，债权人因为法律规定或者有破产申请一年前所发生的原因而负担债务的除外。③债务人的债务人已知债务人有不能清偿到期债务或者破产申请的事实，对债务人取得债权的；但是，债务人的债务人因为法律规定或者有破产申请一年前所发生的原因而取得债权的除外。

第二节 经济纠纷的解决

一、经济纠纷的解决方式

（一）私力救济

私力救济，又称为自力救济，是指纠纷主体在没有中立的第三者介入的情形下，依靠自身或其他私人力量解决纠纷，实现权利。私力救济的基本特征是无中立的第三者介入，纠纷解决过程表现为非程序性，解决途径是依靠武力、操纵、说服和权威等私人力量。私力救济依据解决纠纷的方式可分为自决与和解。自决是指纠纷主体一方凭借自己的力量强行使对方服从，和解是指双方协商解决纠纷。私力救济根据法律性质又可分为法定和法外的私力救济，法定的私力救济一般包括正当防卫、紧急避险、自助行为等。法外的私力救济包括法无明文规定的私力救济、法律禁止的私力救济。法外的私力救济的典型例子是债权人拘押债务人、债权人雇用残疾人或者传染病人进行收债等。私力救济产生于生产力低下、文明程度不高的人类早期社会，具有野蛮特性，因而现代法治社会一般禁止凭借自己的力量解决纠纷，但例外情形下承认某些私力救济的合法性。

（二）社会救济

社会救济，包括调解（诉讼外调解）和仲裁，是指依靠社会力量解决民事纠纷的一种机制。调解是指第三者依据一定的社会规范居间调处，促使纠纷主体相互谅解、妥协，达成纠纷解决的合意。调解有多种形式，包括民间调解、行政调解、律师调解和法院附设的诉讼前调解。仲裁，又称公断，是指纠纷双方根据有关规定或双方协议，将争议提交到一定的机构，由该机构居中裁决的制度。调解与仲裁虽然是非国家公权力解决纠纷的方式，但国家一般赋予这些纠纷解决结果一定的法律效力，以维持该种纠纷解决制度的存在。

（三）公力救济

在当事人无法通过自主性的方式解决纠纷时，必须设立一种强制性解决纠纷、保护权利的制度，这就是公力救济。公力救济的实质是由特定的国家机关，在纠纷主体的参与下解决纠纷的一种最具权威和最有效的机制。

公力救济包括司法救济和行政救济。

1. 司法救济在民事领域的表现形式是民事诉讼制度

诉讼有两个特点：一是强制性，即法院凭借国家审判权强制性确定纠纷主体双方之间的民事权利义务，并以国家强制执行权迫使义务主体履行生效的裁判；二是严格的规范性，即诉讼必须严格按照法定程序规则进行。

2. 行政救济包括行政复议和行政诉讼

行政复议是指公民、法人或者其他组织不服行政主体做出的具体行政行为，认为行政主体的具体行政行为侵犯了其合法权益依法向法定的行政复议机关提出复议申请，行政复议机关依法对该具体行政行为进行合法性、适当性审查，并做出行政复议决定的行政行为。行政复议是公民、法人或其他组织通过行政救济途径，解决行政争议的一种途径。

行政诉讼是指公民、法人或者其他组织认为行政机关和行政机关工作人员的具体行政行为侵犯其合法权益，依法向人民法院提起诉讼，由人民法院依法进行判决的诉讼制度。

当公民、法人或者其他组织认为行政机关的具体行政行为侵犯其合法权益时，具体选择哪种方式，不仅与纠纷的性质有关，也取决于法律的不同规定：有的可以直接向法院起诉，或者先申请行政复议、对行政复议决定不服的再行起诉；有的则只能先申请行政复议，对行政复议决定不服的，才能提起行政诉讼；还有的则只能通过行政复议的方式加以解决，由行政机关对纠纷做出最终裁决。

二、经济仲裁法律制度

（一）经济仲裁概述

1. 经济仲裁的概念

经济仲裁是指经济纠纷当事人在自愿的基础上达成协议，将纠纷提交非司法机构的第三者审理，第三者就经济纠纷做出对争议各方均有拘束力的裁决的一种解决纠纷的制度。

仲裁法是调整仲裁活动中仲裁组织、仲裁员、仲裁参与人权利、义务关系的法律规范的总称。仲裁法有广义和狭义之分。狭义的仲裁法，仅指《中华人民共和国仲裁法》（以下简称《仲裁法》）。

广义的仲裁法包括所有涉及仲裁制度的法律规范。

2. 经济仲裁的范围

我国《仲裁法》规定，平等主体的公民法人和其他组织之间发生的合同纠纷和其他财产权益纠纷，可以仲裁。合同纠纷是指当事人因履行各类合同而产生的纠纷，包括各类民事合同纠纷、知识产权纠纷、期货和证券交易纠纷、票据纠纷和海商纠纷等，还包括涉外和涉港、澳、台地区的经济纠纷，以及涉及国际贸易、国际代理、国际投资、国际技术合作等方面的纠纷。其他财产权益纠纷，主要是指由侵权行为引发的纠纷，例如产品质量责任和知识产权领域的侵权行为引发的纠纷等。《仲裁法》还规定了不属于经济仲裁的范围：婚姻、收养、监护、扶养、继承纠纷；依法应当由行政机关处理的行政争议；劳动争议和农业集体经济组织内部的农业承包合同纠纷的仲裁。

3. 仲裁时效

仲裁时效是指当事人向仲裁委员会请求仲裁的法定期限，当事人在此期限内不向仲裁委员会申请仲裁的，即丧失通过仲裁保护其财产权益的权利。《仲裁法》对仲裁时效做了两种原则规定：一种是有关法律对仲裁时效有专门规定的，适用其规定；另一种是法律对仲裁时效没有规定的，适用诉讼时效的规定。

4. 经济仲裁的特征

（1）自愿性

经济仲裁以双方当事人自愿为前提选择仲裁形式解决争议，应在订立合同时写明仲裁条款，或事后达成书面的仲裁协议。仲裁条款中要特别写清楚所选定的仲裁委员会名称。

（2）独立性

仲裁不实行级别管辖和地域管辖。仲裁委员会由当事人协议选定，不受涉案标的、地域的限制，仲裁委员会依法独立办案，不受任何行政机关、社会团体和个人的干涉。

（3）自主性和保密性

仲裁程序有较大的自主性，如当事人可以依法选定仲裁员和申请仲裁员回避；可以约定仲裁程序；仲裁中可以和解和自愿调解等仲裁不公开进行，包括申请、受理、仲裁情况不公开报道，仲裁开庭不允许旁听，裁决不向社会公布等。当然，双方当事人协议公开的除外。

（4）强制性

仲裁裁决一经做出，即具有法律约束力，当事人一方不履行仲裁裁决，另一方可依法向人民法院申请执行，受申请的人民法院应当执行。

（二）仲裁的基本原则

1. 自愿原则

当事人采用仲裁方式解决纠纷，应当双方自愿，达成仲裁协议。没有仲裁协议，一方申请仲裁的，仲裁委员会不予受理。

2. 以事实为根据，以法律为准绳原则

坚持以事实为依据，以法律为准绳，在法律没有规定或者规定不完备的情况下，仲裁庭可以按照公平合理的一般原则，以及交易习惯来解决纠纷。

3. 独立仲裁原则

仲裁机构不依附于任何机关而独立存在，仲裁活动依法独立进行，不受任何行政机关、社会团体和个人的干涉。

4. 一裁终局原则

仲裁庭做出的仲裁裁决，为终局裁决。仲裁裁决做出后，当事人就同一纠纷再申请仲

裁或向人民法院起诉的，仲裁委员会或者人民法院不受理。

5. 司法监督原则

人民法院既对仲裁裁决予以执行，同时，又对仲裁进行必要的监督。人民法院对仲裁的监督实行事后监督原则，一般在裁决做出后，方可进入监督程序。法院的监督，表现在两个方面：一是撤销仲裁裁决，二是对仲裁裁决不予执行。

(三) 仲裁机构

1. 仲裁委员会

仲裁委员会可以在直辖市和省、自治区人民政府所在地的市设立，也可以根据需要在其他设区的市设立。根据《仲裁法》的有关规定，仲裁委员会应当具备下列条件：有自己的名称、住所和章程；有必要的财产；有该委员会的组成人员；有聘任的仲裁员。

2. 中国仲裁协会

中国仲裁协会，是仲裁委员会的自律性组织，是社会团体法人，全国各个仲裁委员会都是中国仲裁协会的会员。仲裁协会的章程由全国会员大会制定。中国仲裁协会的职能是，根据章程对仲裁委员会及其组成人员、仲裁员的违纪行为进行监督；同时，中国仲裁协会还担负着制定仲裁规则的任务，其本身并不直接办理仲裁案件。

3. 仲裁员与仲裁庭

仲裁委员会应当从公道正派的人员中聘任仲裁员，这些人员还应当同时符合下列条件之一：①从事仲裁工作满 8 年；②从事律师工作满 8 年；③曾任审判员满 8 年；④从事法律研究、教学工作并具有高级职称；⑤具有法律知识，从事经济贸易等专业工作并具有高级职称或者具有同等专业水平。具体仲裁案件的审理，并不直接由仲裁委员会承担，而是由仲裁委员会中的仲裁员组成仲裁庭进行审理。仲裁庭是对某一争议案件进行具体审理的组织，但不是常设机构。

(四) 仲裁协议

1. 仲裁协议的概念

仲裁协议是双方当事人自愿将其发生的或可能发生的争议，提交仲裁解决的共同意思表示。仲裁协议是民商事仲裁的前提，其内容应当包括以下三个要素，缺一不可：第一，有明确的请求仲裁的意思表示；第二，有具体约定的提请仲裁的事项；第三，有选定的仲裁委员会。当事人在仲裁协议中必须约定向何地、何仲裁机构申请仲裁。

2. 仲裁协议的类型

仲裁协议可以是仲裁条款、仲裁协议书或者其他文件中包含的仲裁协议。根据我国《仲裁法》的规定，仲裁协议在下列情形下无效：①以口头方式订立的；②约定的仲裁事项超出法律规定的仲裁范围；③无民事行为能力人或者限制民事行为能力人订立的仲裁协议；④一方采取胁迫手段，迫使对方订立仲裁协议的；⑤仲裁协议对仲裁事项没有约定或约定不明确，或者仲裁协议对仲裁委员会没有约定或者约定不明确，当事人对此又达不成补充协议的。

当事人对仲裁协议的效力产生异议时，应交由仲裁机构或法院认定，仲裁机构在受理申请时，应首先认定仲裁协议是否有效，若协议有效，则继续进行仲裁程序，直至做出裁决。反之，仲裁机构应驳回仲裁申请，当事人对仲裁协议的效力有异议的根据《仲裁法》规定，可以请求仲裁委员会做出决定，或者请求中华人民共和国最高人民法院做出裁定。

(五) 仲裁程序

1. 申请与受理

当事人申请仲裁的条件是：①有仲裁协议；②有具体的仲裁请求和事实、理由；③属于仲裁委员会受理范围。

申请与受理过程中的主要事项包括以下几点。①仲裁委员会5日内决定是否受理。②申请人和被申请人选择仲裁员。③被申请人收到仲裁申请书副本后，应当在仲裁委员会规定的期限内，向仲裁委员会提交答辩书，可以承认或者反驳仲裁请求，也有权提出反请求。仲裁委员会收到答辩书后，应当在仲裁规则规定的期限内，将答辩书副本送达申请人。被申请人未提交答辩书的，不影响仲裁程序的进行。④当事人达成仲裁协议，一方向人民法院起诉时未声明有仲裁协议，人民法院受理后，另一方在首次开庭前提交仲裁协议的，人民法院应当驳回起诉，但仲裁协议无效的除外；另一方在首次开庭前没有对人民法院受理该案提出异议的，视为放弃仲裁协议，人民法院应当继续审理。这一做法的理由是：一般认为既然仲裁的管辖权来源于当事人的合意授权，当事人当然可以合意变更之前的仲裁协议，继而认为在该条规定的情况下，另一方当事人已经以自己的沉默，表明了放弃之前仲裁协议的意思。⑤申请财产保全。一方当事人因另一方当事人的行为或者其他原因，可能使仲裁委员会的裁决不能执行或者难以执行的，可以申请财产保全，当事人申请财产保全的，仲裁委员会应当将当事人的申请，提交有管辖权的人民法院，由该法院执行财产保全措施。

2. 组成仲裁庭

仲裁庭分为合议制和独任制两种形式。仲裁员有下列情形之一的，必须回避，当事人也有权提出回避申请：①本案当事人或者当事人、代理人的近亲属；②与本案有利害关系；③与本案当事人、代理人有其他关系，可能影响公正仲裁的；④私自会见当事人、代理人，或者接受当事人、代理人的请客送礼的。

对仲裁员的回避申请，应当在首次开庭前提出当事人应当通过书面方式提出回避申请，说明理由，并提供相应证据。回避事由在首次开庭后知道的，可以在最后一次开庭终结前提出。

参考文献

[1] 揭莹. 经济法［M］. 重庆：重庆大学出版社，2019.

[2] 王允高. 经济法［M］. 北京：北京理工大学出版社，2019.

[3] 崔巍，韩磊. 经济法［M］. 北京：北京理工大学出版社，2019.

[4] 李亮国，邹娟平，刘秋蓉. 经济法［M］. 成都：电子科技大学出版社，2019.

[5] 杨德敏. 经济法通论［M］. 第2版. 上海：复旦大学出版社，2019.

[6] 李振华. 经济法概论［M］. 北京：中国民主法制出版社，2019.

[7] 刘继峰. 经济法学［M］. 北京：中国政法大学出版社，2019.

[8] 李贺. 经济法理论·实务·案例·实训［M］. 上海：上海财经大学出版社，2019.

[9] 孙丹. 经济法［M］. 北京：机械工业出版社，2019.

[10] 高庆新，李霞. 经济法［M］. 北京：高等教育出版社，2019.

[11] 黄娟，姚毅，李方峻. 经济法［M］. 北京：北京理工大学出版社，2020.

[12] 谢慧. 经济法［M］. 重庆：重庆大学出版社，2020.

[13] 葛恒云，孙小龙. 经济法［M］. 第4版. 北京：机械工业出版社，2020.

[14] 鞠齐；米德超. 经济法［M］. 第11版. 成都：四川大学出版社，2020.

[15] 刘映春，缪树蕾. 经济法概论［M］. 北京：中国人民大学出版社，2020.

[16] 范亚东，李玉. 经济法概论［M］. 第3版. 北京：中国人民大学出版社，2020.

[17] 汪飙，程小玲. 经济法概论［M］. 第2版. 成都：成都西南财大出版社，2020.

[18] 宋立成，吴长军. 经济法概论数字教材版［M］. 北京：中国人民大学出版社，2020.

[19] 孙晋. 现代经济法学第二版［M］. 北京：法律出版社，2020.

[20] 姚建龙. 法律教材经济法学［M］. 上海：上海三联书店，2020.

[21] 周林彬，李胜兰. 法学与经济学的联姻在中国法治经济建设视野下［M］. 广州：中山大学出版社，2021.

[22] 史际春. 经济法学评论第20卷2020第1辑［M］. 北京：中国法制出版社，2021.

［23］张守文．发展法学经济法维度的解析［M］．北京：中国人民大学出版社，2021．

［24］马慧娟，李丹萍．经济法概论［M］．昆明：云南大学出版社，2021．

［25］仇兆波．经济法［M］．第2版．北京：北京理工大学出版社，2021．

［26］李振华，方照明．经济法通论［M］．第4版．北京：中国政法大学出版社，2021．

［27］卢真杰．经济法［M］．第5版．上海：上海财经大学出版社，2021．

［28］王婷婷，孙桂娟．经济法基础［M］．上海：立信会计出版社，2021．

［29］刘茵．经济法概论流通法律制度［M］．第4版．北京：知识产权出版社，2021．

［30］吕志祥．经济法基础理论研究［M］．北京：九州出版社，2021．